JO

Maxwell

El Lado
Positivo
del
Fracaso

BETANIA

Un Sello de Editorial Caribe

Dedico este libro a los
hombres y mujeres del Grupo
INJOY,
todos los cuales están
comprometidos
absolutamente con la misión
de ayudar a otros a hacer de
los fracasos algo positivo.

Betania es un sagello de Editorial Caribe

© 2000 Editorial Caribe
Una división de Thomas Nelson, Inc.
Nashville, TN—Miami, FL (EE.UU.)

email: editorial@editorialcaribe.com
www.caribebetania.com

Título del original en inglés:
Failing Forward
© 2000 por Maxwell Motivation, Inc.
Publicado por Thomas Nelson, Inc.

Traductor: Eugenio Orellana

ISBN: 0-88113-588-7

7ª Impresión

Contenido

¿Está usted dispuesto a cambiar?

Trate al fracaso como a un amigo

Agradecimientos

Agradezco a estas extraordinarias personas que me ayudaron en la creación de este libro:

Charlie Wetzel, mi escritor
Linda Eggers, mi asistente ejecutiva
Brent Cole, mi ayudante de investigación
Stephanie Wetzel, mi correctora de pruebas

Prefacio

Cómo ser un REAL triunfador

Cuando dicto mis conferencias en diferentes lugares del país, a menudo la gente me pregunta por qué escribo libros. Me han hecho tantas veces la misma pregunta que quiero darle la respuesta antes que empiece a leer el primer capítulo de *El lado positivo del fracaso*.

He dedicado mi vida a enseñar a la gente a valorarse. Por eso es que dicto conferencias, grabo lecciones en casetes, preparo videos de entrenamiento y escribo libros. Es la razón por la que dirijo mi organización, el Grupo INJOY. Quiero ver a la gente triunfar. Quiero ver a cada persona con la que me relaciono convertida en un vencedor REAL.

Creo que para que una persona triunfe, necesita únicamente cuatro cosas. Podrá memorizarlas si recuerda la palabra REAL.

Relaciones: La habilidad que más se necesita para tener éxito es la de relacionarse con otras personas. Esto provoca un impacto en cada aspecto de la vida de una persona. Sus relaciones lo mejorarán o dañarán.

Equipo: Una de las lecciones más importantes que he aprendido es que lo que está más cerca a usted determinará el nivel de su éxito. Si sus sueños son grandes, solo los alcanzará con un equipo.

Actitud. Las actitudes determinan cómo vamos a vivir la vida día a día. La actitud, más que la aptitud determinará la altitud.

Liderazgo. En el liderazgo todo se levanta y cae. Si desea mejorar el nivel de su efectividad personal, la única manera de hacerlo es aumentando sus habilidades de liderazgo.

Si revisa cualquiera de mis libros, puede estar seguro que en él se encontrará con mi interés de añadir valor en una de estas cuatro áreas. Este libro en particular lo he escrito para que usted cambie su actitud sobre el fracaso. Léalo, empápese de él y deje que lo ayude a transformar sus faltas en escalones al éxito. Mi deseo es que *El lado positivo del fracaso* agregue valor a su vida.

1

¿Cuál es la mayor diferencia entre la gente que triunfa y la mediocre?

Todos fallamos, por más que tratemos que no.
—J.M. BARRIE

¿Qué es lo que destaca a los vencedores? ¿Por qué algunas personas alcanzan alturas envidiables en tanto que otros caen estrepitosamente? Usted sabe de qué estoy hablando. Llámelo suerte, bendición, «el toque del rey Midas», o como quiera. Pero la verdad es que algunas personas parecen alcanzar cosas increíbles a pesar de lo difíciles que parezcan: Su compañía terminó entre el cinco por ciento de las de más ventas nacionalmente pese a haber perdido los mejores clientes. Encontraron formas ingeniosas de aumentar las ganancias de su departamento a pesar de la amenaza de recortes presupuestarios. Ganaron un título universitario mientras criaban dos hijos siendo padres que no tenían a más nadie que les ayudara. Descubrieron extraordinarias oportunidades de negocio mientras sus colegas seguían buscando sin hallar. O ganaron premio tras premio en su organización a pesar de lo que parecía una anémica labor de equipo. No importa la clase de trabajo que hagan. Dondequiera que estén, pareciera que con su sola presencia hacen realidad cualquiera cosa.

Sin duda que a todos nos gusta pensar que estamos por encima del promedio. Pero los triunfadores parecen dejar el «promedio» en el polvo, tan detrás de ellos que parece un recuerdo lejano.

¿CUÁL ES LA RAÍZ DEL ÉXITO?

¿Qué hace la diferencia? ¿Por qué a algunas personas les va tan bien? ¿Será por...

- el trasfondo familiar? Crecer en una buena familia es algo por lo que cualquiera debería sentirse agradecido, pero no es un indicador confiable de ser la razón para el éxito. Un alto porcentaje de las personas exitosas viene de hogares destruidos.

- la riqueza? No, algunos de los hombres y mujeres de mayor éxito vienen de la clase media y de la clase media baja. La riqueza no es un índice de éxito ni la pobreza es garantía de logros insignificantes.

- la oportunidad? Bueno, la oportunidad es algo muy especial. Dos personas con dones, talentos y recursos similares pueden observar una situación dada, y una de ellas verá tremendas oportunidades en tanto que la otra no verá nada. La oportunidad está en el ojo del observador.

- una alta moralidad? Me gustaría que esta fuera la clave, pero no lo es. He conocido personas absolutamente íntegras que han logrado muy poco. Y he conocido sinvergüenzas de un tremendo éxito. Usted también los conoce.

- la ausencia de dificultades? Por cada persona exitosa que ha esquivado a la adversidad, hay una Helen Keller que venció incapacidades extremas o un Víctor Frankl que sobrevivió a horrores absolutos. Así es que tampoco es la ausencia de dificultades.

No, ninguna de estas cosas es la clave. Para decirlo en forma franca, yo sé solo de un factor que separa a los que se distinguen en forma consistente de los que no: *La diferencia entre la gente mediocre y la gente de éxito es su percepción de y su reacción al fracaso.* Ninguna otra cosa tiene la clase de impacto en la capacidad de las personas de alcanzar y llevar a cabo cualquier cosa que se propongan y deseen.

LO QUE NO SE APRENDE EN LA ESCUELA

El jugador de fútbol Kyle Rote Jr., dijo: «No tengo dudas de que hay muchas formas de ser un ganador, pero en realidad hay solo una forma de ser un perdedor, y esta es fracasar y no ver más allá del fracaso». La forma en que una persona ve el fracaso y lo enfrenta, sea que tenga o no la capacidad para ver más allá y mantenerse triunfando, impacta *cada aspecto* de su vida. Pero esa capacidad parece difícil de adquirir. La mayoría no sabe por dónde empezar para lograrla.

> *No tengo dudas de que hay muchas formas de ser un ganador, pero en realidad hay solo una forma de ser un perdedor, y esta es fracasar y no ver más allá del fracaso.*
> —*KYLE ROTE JR.*

Aun a la gente positiva le cuesta aprender a ver positivamente los fracasos. Por ejemplo, yo tengo fama de ser muy positivo. (Mi libro *Actitud de vencedor* se ha estado reimprimiendo por más de quince años en inglés y también la Editorial Betania lo tradujo al español.) Pero no siempre he podido transformar mis fracasos en victorias. Porque no siempre he estado adecuadamente preparado para hacerlo. Estar preparado no es algo que hayan querido enseñarme en el aula. Y los niños de ahora tampoco lo saben. Realmente, a menudo el ambiente de la escuela refuerza los peores sentimientos y expectativas sobre el fracaso de las personas.

Echemos una mirada a mis anteriores actitudes hacia el fracaso, y veamos si su experiencia es la misma mía:

1. *Tenía miedo fracasar.* Una experiencia que tuve en la universidad, junto con la forma que reaccioné a ella, es típica de lo que muchos estudiantes enfrentan. El primer día de mi primer año en la universidad, el profesor entró a la clase de historia de las civilizaciones y con energía, dijo: «La mitad de ustedes no aprobará esta clase». ¿Cuál fue mi primera reacción? ¡Miedo! Hasta entonces, nunca había tenido un fracaso en mis estudios. Y no quería empezar ahora, de manera que

la primera pregunta que me hice fue: «¿*Qué querrá el profesor?*» La universidad se transformó en un juego que yo quería ganar.

Recuerdo que una vez memoricé ochenta y tres fechas para un examen porque mi profesor creía que si se podían citar fechas era porque la materia se dominaba. Conseguí una A en ese examen, pero tres días más tarde, había olvidado toda la información. Me las arreglé para evitar el fracaso que temía, pero en realidad no logré nada.

2. *No entendía eso de un fracaso.* ¿Qué es un fracaso? Cuando era niño, yo creía que era un porcentaje. Menos de sesenta y nueve significaba fracaso. Setenta para arriba significaba éxito. Ese pensamiento no me ayudó. El fracaso no es un porcentaje ni un examen. No es un hecho aislado. Es un proceso.

3. *No estaba preparado para el fracaso.* Cuando me gradué de la universidad, lo hice entre el cinco por ciento mejor de la clase. Pero eso no quería decir nada. Había jugado con éxito el juego de la escuela y había absorbido un montón de información. Pero no estaba preparado para lo que me esperaba más adelante.

Me di cuenta de eso en mi primer trabajo. Como pastor de una pequeña iglesia rural, ese primer año trabajé durísimo. Hice todo lo que la gente esperaba de mí, y un poco más. Pero para ser sincero, me interesaba tanto conseguir personas que simpatizaran conmigo como en ayudar a los demás.

En esa iglesia se acostumbraba a que cada año los miembros votaran para decidir si reelegían a los líderes o no. Muchos de los líderes que yo conocí a través de los años apreciaban contar con que ellos habían sido confirmados por unanimidad en sus cargos. Mis expectativas eran altas mientras me preparaba a recibir mi primer respaldo por unanimidad. Imagínense mi sorpresa cuando se contaron los votos: treinta y uno a favor, uno en contra y una abstención. Eso me dejó anonadado.

Cuando llegué a casa esa noche, llamé a mi padre, quien era un pastor veterano, ex superintendente de distrito en la denominación, y presidente de una universidad.

—Papi —le dije—, no puedo creerlo. Trabajé tan duro para esa gente. He hecho todo lo que he podido. —Estaba a punto de echarme a llorar—. Alguien que votó contra mí quiere que me vaya de la iglesia. Y una abstención equivale a un no. ¿Debería renunciar y buscar otra iglesia?

Para mi sorpresa, escuché una gran risa al otro extremo de la línea.

—No, hijo, quédate donde estás —me dijo mi papá todavía riendo—. Es probable que nunca vuelvas a obtener una votación tan buena como esa.

UN NUEVO RUMBO

En ese momento me di cuenta cuán irreal era la opinión que tenía del éxito y del fracaso. Si algo había hecho la universidad, había sido reforzar mis nociones erróneas sobre el fracaso. Y al ayudar a través de los años a líderes a crecer y desarrollarse me he dado cuenta que la mayoría de las personas están en el mismo bote.

En la revista *Leadership (Liderazgo)*, J. Wallace Hamilton afirma: «El aumento de los suicidios, alcoholismo e incluso algunas formas de quebrantamientos nerviosos es evidencia de que muchas personas se están preparando para el éxito cuando deberían estarse preparando para el fracaso. Fracasar es mucho más común que triunfar; la pobreza está más generalizada que la riqueza; y la desilusión es más normal que los logros».

> *Las personas se están preparando para el éxito cuando deberían estarse preparando para el fracaso. Fracasar es mucho más común que triunfar; la pobreza está más generalizada que la riqueza; y la desilusión es más normal que los logros.*
>
> —*J. WALLACE HAMILTON*

¿Prepararse para fracasar? Este es un concepto tremendo y es la idea que me impulsó a escribir este libro.

En este momento usted tiene la oportunidad de asistir a una clase conmigo que nunca se la dieron en la escuela. Quiero ayudarle a prepararse para el fracaso. Quiero que aprenda cómo mirar con confianza la posibilidad de fracasar y trabajar para transformar ese fracaso en victoria. Porque en la vida, la pregunta no es *si* vamos a tener problemas, sino *cómo* vamos a enfrentarlos. ¿Vas a transformar tus problemas en victorias, o vas a dar un paso atrás?

A MAL TIEMPO, BUENA CARA

Cuando pienso en las personas que han enfrentado problemas y han salido triunfantes, una de las primeras que vienen a mi mente es Mary Kay Ash. Ella ha levantado una tremenda organización. Durante los cuatro o cinco últimos años, he tenido muchas oportunidades de hablar sobre liderazgo a las personas de su compañía de cosméticos. De hecho, al viajar a través del país dictando conferencias y llevando a cabo seminarios, pareciera que no importa dónde yo hable, siempre hay entre los asistentes a lo menos una docena de consultores de Mary Kay.

Admiro a Mary Kay. Ella venció una serie de obstáculos en su carrera y nunca dejó que los fracasos destruyeran lo mejor de ella. El primer trabajo de Mary Kay fue en ventas directas donde alcanzó un notable éxito. Allí encontró que para una mujer era difícil progresar en el mundo de las grandes corporaciones, especialmente en los años cincuenta y comienzo de los sesenta, aun después de veinticuatro años de éxitos. Ella dice:

> Traté de llegar a ser miembro de la junta de directores de la compañía, solo para descubrir que aun cuando nuestro equipo de ventas estaba formado totalmente por mujeres, dirigido por una junta formada solo por hombres, mi opinión no tenía ningún peso. Constantemente me decían: «¡Mary Kay, de nuevo estás pensando como una mujer!» Sentía el rechazo en la peor de las formas. Así es que decidí retirarme.[1]

Su retiro no duró mucho. Antes que transcurriera un mes, se volvió como loca. Decidió comenzar su propia compañía. Si iba a tener que enfrentar obstáculos, estos estarían allí porque venían con ella.

Pensó en una compañía de cosméticos porque daría a cada mujer que trabajara allí oportunidades ilimitadas. Compró las fórmulas de los mejores productos que pudo encontrar en el mercado, elaboró un plan de mercadeo y se preparó para lanzar la corporación.

¡PROBLEMAS!

No pasó mucho tiempo antes que se encontrara con el primer obstáculo. Cuando visitó a su abogado para hacer los arreglos legales para la corporación, este la trató duramente, prediciéndole el peor de los fracasos. «Mary Kay», le dijo, «si quiere dilapidar los ahorros de su vida, ¿por qué mejor no va directamente al recipiente de la basura? Sería mucho más fácil que lo que está pensando hacer». Su contador le habló en términos similares.

A pesar de los intentos por desanimarla, ella siguió adelante. Invirtió los cinco mil dólares, ahorros de su vida, en su nuevo negocio. Cada centavo que tenía lo invirtió allí. Puso a su esposo a cargo de la administración y ella se dedicó por entero a preparar los productos, a diseñar los envases, a escribir el material para entrenamiento, y a reclutar vendedores. Estaban haciendo progresos admirables. Pero entonces, un mes antes de abrir, su esposo murió de un ataque al corazón.

La mayoría de la gente nunca habría sido capaz de seguir adelante después de eso. Habrían aceptado la derrota y habrían dejado todo. Pero no Mary Kay. Ella se mantuvo avanzando y el 13 de septiembre de 1963 lanzó su negocio. Hoy día, la compañía tiene más de un billón de ventas al año, emplea a tres mil quinientas personas y capacita a quinientos mil representantes en veintinueve mercados a través del mundo en el campo de las ventas directas.[2] Mary Kay ha recibido casi todos los trofeos y premios que un empresario pudiera soñar. A pesar de las circunstancias adversas, los obstáculos y las desgracias, ella salió adelante.

LA PREGUNTA IMPOSIBLE

Cuando estaba creciendo, una de las preguntas que acostumbraba oír de los conferenciantes motivadores era esta: «Si se eliminara la posibilidad de un fracaso, ¿qué trataría de lograr?»

> *Si su percepción de la forma en que reaccionaría ante el fracaso cambiara, ¿qué trataría de lograr?*

Aquello me parecía algo intrigante. Me hizo mirar adelante, hacia las posibilidades de la vida. Pero entonces un día me di cuenta que era algo malo. ¿Por qué? Porque hacía a las personas pensar en términos negativos. No hay logros sin fracasos. Solo sugerir la posibilidad de que no haya fracasos da a las personas una impresión errada. Por eso, esta pregunta es mejor: Si su percepción de la forma en que reaccionaría ante el fracaso cambiara, ¿qué trataría de lograr?

Yo no sé qué obstáculos está enfrentando usted en su vida por estos días. Pero los que sean, no importa. Lo que sí importa es que su vida puede cambiar si usted está dispuesto a ver los fracasos en forma diferente. Usted tiene el potencial para vencer cualquier problema, error o desgracia. Todo lo que tiene que hacer es aprender a ver los fracasos como victorias potenciales. Si está listo para hacer eso, vuelva la página y sigamos.

Su primer paso hacia el lado positivo del fracaso:

Reconozca que hay una gran diferencia entre las personas mediocres y las que triunfan

Fíjese en la forma en que los triunfadores enfrentan las experiencias negativas y podrá aprender mucho sobre cómo transformar sus fracasos en victorias. Lea las dos listas siguientes y determine cuál describe su forma de enfrentar los fracasos:

Dejarse derrotar por los fracasos	Transformar los fracasos en victoria
• Culpar a los demás	• Asumir la responsabilidad
• Repetir los mismos errores	• Aprender de cada error
• Esperar que nunca más se va a fracasar	• Reconocer que el fracaso es parte del progreso
• Esperar que se va a seguir fracasando	• Mantener una actitud positiva
• Aceptar ciegamente la tradición	• Desafiar las suposiciones anticuadas
• Sentirse limitado por los errores pasados	• Volver a arriesgarse
• Pensar que *soy un fracasado*	• Creer que algo no funcionó
• Ceder	• Perseverar

Piense en un reciente traspié que haya tenido. ¿Cómo reaccionó? No importa cuán difíciles hayan sido sus problemas, la clave para vencerlos no está en cambiar sus circunstancias. Está en que cambie usted. Este es un proceso y comienza con el deseo de que alguien le enseñe. Si usted está dispuesto a hacer eso, va a ser capaz de enfrentar sus fracasos con éxito. Desde este momento en adelante, comprométase a hacer lo que sea con tal de obtener la victoria.

Paso hacia el lado positivo del fracaso:

1. Reconozca que hay una gran diferencia entre las personas mediocres y las que triunfan.

Redefinemos *fracaso* y *éxito*

2

Una nueva definición de *fracaso* y *éxito*

La diferencia entre grandeza y mediocridad es a menudo
cómo una persona ve sus errores.
—*NELSON BOSWELL*

El 6 de agosto de 1999, un jugador de las grandes ligas de béisbol, en su turno al bate en el estadio de Montreal, hizo otro out, el número cinco mil ciento trece de su carrera profesional. ¡Esa cifra significa un montón de viajes al punto de bateo sin un solo hit! Si un jugador queda fuera todas esas veces consecutivamente y promediara cuatro bateos por juego, eso significaría que habría jugado ocho temporadas (mil doscientos setenta y ocho juegos) ¡sin haber llegado jamás a primera base!

¿Se desanimó el jugador aquella noche? No. ¿Le pareció que le había fallado a su equipo? No. Fíjese en esto. Antes, en el mismo juego, en su primera aparición en el plato, ese jugador alcanzó una marca que solo veintiún otros jugadores en la historia del béisbol habían logrado. Había completado la cifra de tres mil hit. Ese jugador fue Tony Gwynn de los Padres de San Diego.

Durante aquel juego, Tony consiguió en cinco intentos conectar cuatro hit. Pero eso no es usual en él. Por lo general, él no logra un hit en dos de cada tres intentos. Es posible que estos resultados no parezcan muy espectaculares, pero si usted sabe de béisbol, tendrá que reconocer que la habilidad de Tony para lograr consistentemente solo una vez en tres intentos ha hecho de él el más grande creador de hit en su generación. Y Tony sabe que con sus hit ha logrado una gran cantidad de out.

Durante más de diez años he sido un seguidor fanático de Tony Gwynn. Cuando vivía en San Diego, compraba boletos para toda la temporada de los Padres. Allí lo vi hacer su primer juego. Y desde entonces he seguido su carrera muy atentamente. Al acercarse al hit número tres mil, yo sabía que quería presenciar su hazaña de alcanzar esa marca jugara donde jugara.

El día que se suponía que lo lograría, yo estaba terminando una serie de conferencias sobre liderazgo en la ciudad de Chicago. Al día siguiente tenía que estar en Philadelphia para otro compromiso. Me las arreglé para cambiar mis boletos de avión. Luego llamé a mi yerno, Steve, que estaría en la siguiente conferencia conmigo, y lo invité para que nos fuéramos a Montreal para ver el juego.

Mientras viajaba, me di cuenta que estaríamos bastante apretados de tiempo pero me dije que saldría todo bien. Cuando llegamos al aeropuerto, todo parecía perfecto. Pero después de abandonar el avión, Steve fue retenido en la aduana. Con el reloj marcando los minutos, me dije que perderíamos la primera intervención de Tony al bate. Y así fue. Cuando llegamos al estadio, ya Tony había bateado su hit número tres mil.

¿CÓMO DEFINE USTED EL FRACASO?

¿Nos sentimos derrotados cuando nos dimos cuenta que era probable que nos perdiéramos el momento histórico en que Tony lograría su batazo número tres mil? No. ¿Dimos media vuelta y nos alejamos del estadio cuando al llegar allí, supimos que ya había logrado lo que queríamos presenciar? No. ¿Me sentí fracasado cuando al tratar de comprar un programa, me di

Uno de los más grandes problemas que la gente tiene respecto del fracaso es que juzgan demasiado apresuradamente situaciones aisladas en sus vidas y las clasifican como fracasos. En lugar de hacer eso, deberían mantener en mente el cuadro total de cada situación.

cuenta que ya todos se habían vendido? No. Nos hacía estar contentos el ser parte de la celebración. Y como Tony, nos sentíamos recompensados con el solo hecho de estar allí cuando él lograra sus hit. Más tarde en el juego, cuando Tony bateó una bola a las graderías, yo la cogí. Unas pocas semanas más tarde, Tony me la firmó y ahora tengo un recuerdo de su hit número tres mil.

Uno de los más grandes problemas que la gente tiene respecto del fracaso es que juzgan demasiado apresuradamente situaciones aisladas en sus vidas y las clasifican como fracasos. En lugar de hacer eso, deberían mantener en mente el cuadro total de cada situación. Alguien como Tony Gwynn no piensa que un out que haga es un fracaso. Él ve el out en el contexto general del juego. Su perspectiva lo lleva a perseverar. Su perseverancia le da longevidad. Y la longevidad le ofrece oportunidades para tener éxito.

FRACASO NO ES...

Cambiar su perspectiva del fracaso le ayudará a perseverar para finalmente alcanzar lo que desea. ¿Entonces, cómo va a juzgar el fracaso? Déjeme comenzar echando una mirada a siete cosas que el fracaso no es.

1. La gente cree que el fracaso se puede evitar, y no se puede

Todos fallamos y cometemos errores. Seguramente usted ha oído aquello de que «errar es humano, perdonar es divino» y que Alexander Pope escribió hace más de doscientos cincuenta años. Lo que él estaba haciendo era nada más que parafraseando un dicho que era muy común dos mil años antes durante el tiempo de los romanos. Hoy las cosas son muy parecidas a como eran en aquel tiempo. Si usted es un ser humano, va a cometer errores.

Es probable que esté familiarizado con la Ley de Murphy y el Principio de Pedro. Hace poco me encontré con algo que se ha dado en llamar Reglas para el ser humano. Creo que la lista describe bien el estado en que nos encontramos como personas:

Regla # 1: Usted tiene que aprender lecciones.

Regla # 2:No hay faltas, solo lecciones.

Regla # 3:Una lección se repite hasta que se aprende.

Regla # 4:Si no aprende las lecciones fáciles, se hacen más difícil. (El dolor es una forma en que el universo consigue que se le preste atención.)

Regla # 5:Usted sabrá que ha aprendido una lección cuando sus acciones cambien.

Norman Cousins tenía razón cuando dijo: «La esencia del hombre es la imperfección». Entonces, convénzase de que va a cometer errores.

2. *La gente cree que fallar es el resultado de algo, y no lo es*

Cuando estaba en mi época de crecimiento, creía que el fracaso venía en un momento. El mejor ejemplo que puedo recordar para ilustrar esto es cuando hacemos un examen. Si usted obtiene una F, eso significa que fracasó. Pero con el tiempo me he convencido que el fracaso es un proceso. Si usted falla en un examen, eso no significa que falló en un resultado una sola vez. La F muestra que usted falló en el proceso que habría de desembocar en el examen.

En 1997, escribí un libro titulado The Success Journey [El viaje al éxito]. En él se ofrece un vistazo a lo que significa ser una persona de éxito. Allí defino el éxito en estos términos:

Saber lo que quiero alcanzar en la vida

Esforzarme para desarrollar todo mi potencial

Sembrar para el beneficio de otros

La tesis del libro es que el éxito no es un destino, un lugar al cual se va a llegar algún día. El éxito es un viaje que usted inicia. Y el éxito se va alcanzando según lo que usted haga día tras día. En otras palabras, el éxito es un proceso.

El fracaso actúa de la misma manera. No es un lugar al que se llega. Como el éxito, no es un resultado ni es un fracaso. Es cómo usted enfrenta la vida a lo largo del camino. Nadie puede decir que ha fracasado mientras no exhale el último suspiro. Hasta ese momento, todavía estará en proceso, y aun no se habrá dicho la última palabra.

3. *La gente cree que el fracaso es objetivo, y no lo es*

Cuando usted se equivoca, sea que calcule mal una operación matemática, que olvide una fecha importante, que no haga bien algo, que no tome la mejor decisión en cuanto a sus hijos o que pierda la oportunidad de su vida, ¿qué determina que tal acción fue un fracaso? ¿Se fija usted en el tamaño del problema que se generó o en la cantidad de dinero que le costó a usted o a su organización? ¿Está determinado por la reacción que pudiera tener su jefe o las críticas que pudieran venir de

> *Usted es la única persona que puede realmente decidir que ha fracasado.*

otras personas? No. El fracaso no se determina de esta manera. La respuesta es que usted es la única persona que puede realmente decidir que ha fracasado. Esto es algo subjetivo. Su percepción y la forma en que reacciona ante sus errores determinan si sus acciones son o no un fracaso.

¿Sabía usted que los empresarios casi nunca despegan al primer intento? ¿Ni al segundo? ¿Ni al tercero? Según Lisa Amos, profesora de comercio de la Universidad Tulane, el promedio de veces que los hombres de negocios fracasan antes de dar con el éxito es de 3,8. Pero no se desalientan por problemas, fracasos o errores. ¿Por qué? Porque ellos no ven los reveses como errores. Y reconocen que tres pasos hacia adelante y dos hacia atrás aun equivale a uno hacia adelante. Y como resultado, superan el promedio y llegan a triunfar.

4. *La gente cree que el fracaso es un enemigo, y no lo es*

La mayoría de la gente trata de evitar los fracasos como se evita una plaga. Le temen. Pero de la adversidad es que surgen los éxitos. El entrenador de básquetbol de la NBA, Rick Pitino, lo dijo aun más enfáticamente. «Es bueno fracasar. Porque el fracaso es como el fertilizante. Todo lo que he aprendido sobre cómo dirigir un equipo lo he aprendido cometiendo errores».

Las personas que ven el fracaso como un enemigo, son cautivas de aquellos que lo vencen. Herbert V. Brocknow lo dice de esta manera: «El que no comete errores sirve al que sí los comete». Observe a cualquier triunfador y descubrirá en él a una persona que no ve los fracasos como enemigos. Esto es verdad en cualquier esfuerzo. La musicóloga Eloise Ristad dice que «cuando nos damos permiso para fallar, al mismo tiempo nos estamos dando permiso para superarnos».

5. La gente cree que fallar es algo irreversible, y no lo es

En Texas hay un viejo adagio que dice: «No importa cuánta leche derrames, lo que importa es no perder la vaca». En otras palabras, los errores no son irreversibles. Hay que mantener la perspectiva. Los problemas vienen cuando uno solo ve la leche que derrama y no el cuadro completo, incluyendo la vaca. La gente que ve sus errores en forma correcta se aprovecha de ellos.

> Los errores no hacen a las personas darse por
> vencidas.
> Los éxitos no hacen a las personas creer que ya lo
> alcanzaron todo.

Cada resultado, sea bueno o malo, es un pequeño pasado en el proceso de vivir. O como lo dice Tom Peters: «Si no se hicieran cosas insignificantes, nunca habrían cosas grandes».

6. La gente cree que el fracaso es un estigma, y no lo es

Los errores no son una marca permanente. Me gusta la perspectiva del fallecido senador Sam Ervin Jr., quien decía: «Tanto la derrota como la victoria sirven para remecer el alma y dejar la gloria fuera». Así es como tenemos que ver al fracaso.

> *El promedio de veces que los hombres de empresa fracasan antes de dar con el éxito es de 3,8.*

Cuando cometa errores, no deje que lo desmoralicen. Y no piense en ellos como un estigma. Haga de cada fracaso un peldaño de la escalera que lleva al éxito.

7. *La gente cree que después del fracaso ya no hay más, y no es así*
No permita que aun lo que parezca un tremendo fracaso le impida luchar por lograr el éxito. Piense en la historia de Sergio Zyman. Era la mente maestra detrás de la nueva imagen de la Coca-Cola, algo que el asesor de mercadeo Robert McMath ve como uno de los más

Pasos al éxito

Genio

Empresario de éxito

Tonto

Parece tonto

Tiene miedo de ser un tonto

grandes fracasos en materia de productos de todos los tiempos.[1] Zyman, quien lanzó al mercado con todo éxito la Coca-Cola de Dieta, creía que la Coca-Cola necesitaba actuar enérgicamente para revertir sus veinte años de declinación en el mercado contra su rival, Pepsi. Su solución fue dejar de ofrecer la bebida que había sido popular por cerca de cien años, cambiar la fórmula y ofrecer la nueva Coca-Cola. El intento fue un fracaso monumental que en 1985 duró setenta y nueve días y significó a la compañía una pérdida de cien millones de dólares. La gente rechazó la nueva Coca-Cola. Y esto significó la salida de Zyman de la compañía.

Pero los problemas de Zyman con la nueva Coca-Cola no lo mantuvieron en el piso de la derrota. Años más tarde, cuando se le preguntó si la aventura había sido un error, Zyman respondió: «¡Definitivamente, no!»

¿Un fracaso? «No».

¿Un disparate, un tropezón, un fallo? «Otra palabra entre "fallo" y... algo más», contestó. «Ahora, si ustedes me dijeran que "la estrategia en la que se embarcaron no resultó", yo les diría: "Absolutamente. No resultó" Pero la totalidad de la acción terminó siendo positiva». Porque el retorno de la Coca-Cola Clásica hizo más fuerte a la compañía.

La afirmación de Zyman fue confirmada por Roberto Coizueta, el fallecido presidente y ejecutivo jefe de la Coca-Cola. Él recontrató a Zyman en 1993. «Juzguen los resultados», dijo Coizueta. «Nosotros pagamos para producir resultados no para estar en lo correcto».[2]

TODO DEPENDE DEL LADO QUE LO MIRE

Si usted tiende a fijarse en los extremos del éxito y del fracaso y a fijarse en resultados particulares en su vida, trate de poner las cosas en perspectiva. Cuando lo haga, va a poder compartir la filosofía de alguien tan importante como el apóstol Pablo quien pudo decir: «He aprendido a contentarme, cualquiera que sea mi situación» (véase Filipenses 4.11). Y eso es mucho decir, considerando que Pablo había sido un náufrago, lo habían azotado, golpeado, apedreado y apresado. En todo eso, su fe le permitió mantener la perspectiva. Y se dio cuenta que no tenía importancia alguna lo que otros dijeran de él, si estaba haciendo lo que se esperaba que hiciera.

La vida de cada persona está llena de errores y experiencias negativas. Pero sepa esto:

Los errores se transforman en faltas cuando los percibimos y reaccionamos a ellos incorrectamente.

Las faltas se transforman en fracasos cuando *continuamente* reaccionamos a ellas incorrectamente.

Las personas que fracasan en su intento de progresar pueden ver sus errores o experiencias negativas como una parte normal de la vida, aprender de ellas y luego intentarlo de nuevo. El que persevera alcanza el propósito de su vida.

En cierta ocasión, Washington Irving dijo: «Las mentes grandes tienen propósitos; las otras tienen deseos. Las mentes pequeñas están dominadas por los infortunios, pero las mentes grandes se sobreponen a ellos».

La verdad terrible es que todos los caminos al éxito pasan por la tierra del fracaso. Y esta se encuentra entre cada ser humano que tuvo un sueño y la realización de ese sueño. La buena noticia es que cualquiera puede pasar con éxito a través del fracaso. Por esto el autor Rob Parsons decía que «el mañana pertenece a los fracasos».

> *Los errores se transforman en faltas cuando los percibimos y reaccionamos a ellos incorrectamente. Las faltas se transforman en fracasos cuando de manera continua reaccionamos a ellas incorrectamente.*

Demasiadas personas creen que el proceso es cosa fácil. El prolífico inventor estadounidense Thomas Edison observó esta actitud en muchas personas. Y esto fue lo que dijo al respecto:

El fracaso, en realidad, es una cuestión de concepto. Las personas no trabajan duro porque, en su concepto, se imaginan que van a alcanzar el éxito sin mayor esfuerzo. Muchos creen que una mañana van a despertar siendo ricos. En realidad, esto es verdad sola a medias, porque en algún momento, van a despertar.

Cada uno de nosotros tiene que tomar una decisión. ¿Vamos a pasarnos la vida durmiendo, evitando los fracasos a todo costo? ¿O vamos a despertar y a darnos cuenta que *el fracaso es simplemente un precio que hay que pagar para llegar al éxito?* Si adoptamos esta nueva definición de fracaso, entonces estaremos libres para movernos hacia adelante y transformar los fracasos en victorias.

IR ADELANTE SOBRE LOS TALONES DE LA TRAGEDIA

En cierta ocasión oí una gran historia sobre el precio que alguien tuvo que pagar para lograr el éxito. Todo comenzó cuando hice arreglos para reunirme con dos amigos. El año anterior, cuando había dado unas conferencias para la empresa *Auntie Anne Pretzels*, estuve charlando con Anne Beiler, la fundadora de la compañía. Mientras hablábamos, ella reconoció en Truett Cathy, el fundador de la cadena de restaurantes «Chick-fil-A», como a uno de sus héroes.

—¿Le gustaría reunirse con ellos? —le pregunté.

—¿Los conoce? —me preguntó un tanto sorprendida.

—Ya lo creo que sí —respondí.

Cuando en 1997 mudé mi compañía, el Grupo INJOY, a Atlanta, Truett y su hijo Dan Cathy nos pusieron debajo de sus alas.

—Somos excelentes amigos —y agregué—. Voy a hacer los arreglos para que comamos un día de estos.

Inmediatamente fijé una fecha y un poco después de eso, mi esposa Margaret y yo estábamos reunidos para comer con Truett Cathy, Anne y Jonas Beiler, y Dan y Rhonda Cathy. Tuvimos un tiempo hermoso. Me sorprendí cómo Anne y Dan (que es el presidente de Chick-fil-A International) intercambiaron información sobre sus negocios.

Esto me agradó porque vi que ellos estaban disfrutando de una buena conexión. Pero para mí lo más notable de la noche fue oír a Truett Cathy contar la historia de sus comienzos en el negocio de los restaurantes y cómo llegó a fundar Chick-fil-A.

CÓMO COMENZÓ TODO

Lo que dijo Truett de sus actividades cuando era niño me indicó que él nació para los negocios. Cuando estaba en segundo grado, descubrió que podía comprar una caja de seis botellas de Coca-Cola por veinticinco centavos, venderlas cada una en cinco centavos y ganarse un veinte por ciento. No pasó mucho tiempo antes que empezara a comprar bebidas gaseosas por cajas, las ponía en hielo y aumentó así su capital y sus ganancias. Cuando empezó a hacer frío y bajaron las ventas de bebidas, empezó a comerciar en revistas. A los once, empezó a ayudar a un vecino en su ruta de distribución. Un año más tarde, tenía su propia ruta.

Como muchos jóvenes de esa época, Truett se alistó en el ejército. Cuando en 1945 fue licenciado, estaba listo para buscar su oportunidad. Lo que lo atraía era echar a andar un restaurante, y su sueño era trabajar con Ben, uno de sus hermanos. Después de haber aprendido algo sobre el negocio, juntaron un poco de dinero, ubicaron un local en Hapeville, Georgia, en el lado sur de Atlanta, montaron un restaurante y lo abrieron con el nombre de «Dwarf Grill» (posteriormente Dwarf House). Estaba abierto las veinticuatro horas del día, seis días a la semana, y aunque requería una increíble cantidad de trabajo, empezó a dar ganancias desde la primera semana. Pero no pasaría mucho tiempo antes que Truett enfrentara el primero de una serie de reveses importantes.

PÉRDIDAS TRÁGICAS

La primera vino solo tres años después que abrieron el restaurante. Dos de los hermanos de Truett iban en una avioneta privada que se accidentó camino a Chattanooga, Tennessee. Ambos murieron. Es duro perder a un socio. Perder a dos hermanos fue horrible. Truett estaba deshecho. Una vez que se repuso del golpe emocional, siguió adelante solo. Un año después, contrató a Eunice, la viuda de Ben, para que trabajara con él en el negocio y unos meses más tarde, abrió su segundo restaurante.

En ese momento las cosas iban bastante bien. Hasta que una noche lo despertó una llamada telefónica. Se había declarado un incendio en su segundo restaurante. Corrió para ver qué podía hacer, pero cuando llegó vio que el fuego lo había destruido todo. Eso, en sí, ya era malo. Peor era que prácticamente no tenía seguro.

Dentro de unas cuantas semanas, Truett tuvo otro revés desalentador. Descubrió que tenía pólipos en el colon, los que tendrían que ser extirpados. El momento no podía ser más inadecuado. En lugar de reconstruir el restaurante, tuvo que internarse. Una operación se transformó en dos y, para su desánimo, tuvo que estar varios meses alejado del trabajo, una eternidad para un comerciante energético como era él.

LIMONES EN LIMONADA...
Y EMPAREDADOS DE POLLO

¿Qué hace un empresario cuando tiene que permanecer en cama durante meses? Si se trata de Truett Cathy, sale con una idea de un millón de dólares. El tiempo que la enfermedad lo mantuvo alejado del frente de su negocio lo inspiró para darle vueltas a un nuevo concepto. A él siempre le había gustado el pollo; de hecho, había sido parte importante del menú de la Dwarf House. Por un tiempo, el restaurante había incluido en el menú pechuga de pollo sin hueso. *¿Qué pasaría*, se preguntó, *si tomo la pechuga del pollo, la sazono y la frío y la relleno con los condimentos apropiados?* La respuesta es el emparedado «Chick-fil-A» y el comienzo de la cadena personal de restaurantes más grande del mundo.

Hoy, Truett Cathy es reconocido en la industria de la comida rápida como el inventor del emparedado de pollo. Chick-fil-A opera más de novecientos restaurantes a través de los Estados Unidos y su sede principal la tiene en la parte sur de Atlanta, en un edificio de doscientos mil pies

> *Muchos de los fracasos en la vida los experimentan personas que no se dan cuenta cuán cerca estuvieron del éxito cuando decidieron darse por vencidos.*
>
> —THOMAS EDISON

cuadrados construido en un terreno de setenta y tres acres. En el año 2000 llegó a ser una compañía multimillonaria. Es una de las operaciones más exitosas en el negocio de los restaurantes, vendiendo millones de emparedados de pollo e innumerables galones de su famosa limonada recién hecha. El negocio sigue creciendo. Pero nunca habría llegado a ser lo que es si Truett Cathy no hubiese experimentado los reveses que le sobrevinieron, si no hubiese mantenido su perspectiva, y se hubiese dado cuenta que unas pocas experiencias negativas no hacen el fracaso.

Thomas Edison creía que «muchos de los fracasos en la vida los experimentan personas que no se dan cuenta cuán cerca estuvieron del éxito cuando decidieron darse por derrotados». Si puede cambiar la forma en que ve el fracaso, entonces ganará en fuerzas para mantenerse en la carrera. Busque una nueva definición de *fracaso*. Tómelo como el precio que tiene que pagar por el progreso. Si puede hacer esto, se pondrá en una mucho mejor posición para triunfar.

Su segundo paso hacia el lado positivo del fracaso:

Aprenda una nueva definición de *fracaso*

¿Cómo se puede ayudar usted mismo a aprender una nueva definición de *fracaso* y desarrollar una perspectiva diferente sobre el fracaso y el éxito? Cometiendo errores. Chuck Braun, de Idea Connection Systems anima a los que buscan entrenamiento para pensar en forma diferente mediante el uso de una cuota de errores. Da a cada alumno una cantidad de treinta errores para que cometan en cada sesión de entrenamiento. ¿Y si un estudiante se pasa de esa cifra? Recibe otros treinta. Como resultado, el estudiante se relaja, ve los errores desde una perspectiva diferente, y empieza a aprender.

Al emprender su próximo proyecto o asignación importante, otórguese una razonable cuota de errores. ¿Cuántos espera alcanzar? ¿Veinte? ¿Cincuenta? ¿Noventa? Asígnese una cantidad y trate de alcanzarla antes de terminar el trabajo. Recuerde, los errores no definen el *fracaso*. Son nada más que el precio de alcanzar el éxito en la jornada.

Pasos hacia el lado positivo del fracaso:

1. Reconozca que hay una gran diferencia entre las personas mediocres y las que triunfan.

2. Aprenda una nueva definición de *fracaso*.

3

Si falló, ¿significa que usted es un fracasado?

Fracasar no es tan malo si no se trata de un ataque al corazón.
Triunfar es bueno si no se va a la cabeza.

-GRANTLAND RICE

Hace años, en una entrevista, David Brinkley le preguntó a la columnista consejera Ann Landers cuál era la pregunta que con más frecuencia le hacían sus lectores. Ella respondió: «¿Qué es lo que me pasa?»

La respuesta de la señora Landers revela mucho sobre la naturaleza humana. Mucha gente lucha con sentimientos de fracaso, que son los pensamientos de duda más dañinos. En el corazón de estas dudas y sentimientos hay una pregunta central: ¿Soy un fracasado? Y ese es un problema porque yo creo que es casi imposible que una persona crea que es un fracasado y al mismo tiempo luche por salir adelante.

Pareciera que los columnistas consejeros (como Ann Landers) y los columnistas de humor coincidieran en reconocer que mantener una buena perspectiva de uno mismo es importante para derrotar a la adversidad y los errores cometidos. La fallecida Erma Bombeck, quien escribió una muy difundida columna semanal de humor hasta pocas semanas antes de morir en 1996, tenía una firme convicción sobre lo que significa perseverar y salir adelante sin tomar los fracasos demasiado en serio.

DE ESCRITORA DE OBITUARIOS EN UN PERIÓDICO A LA PORTADA DE LA REVISTA *TIME*

Al comienzo de su carrera, Erma Bombeck tuvo que transitar por un camino lleno de dificultades. A edad temprana ya se sentía atraída por el periodismo. Su primer trabajo, cuando era una adolescente, fue escribir obituarios en el *Journal-Herald* de Dayton. Cuando salió del colegio y quiso ingresar a la Universidad de Ohio, un consejero estudiantil le dijo: «Olvídese de ser escritora». Ella rechazó ese consejo. Más tarde se pasó a la Universidad de Dayton donde en 1949 se graduó en inglés. Poco después empezó a trabajar como escritora para la columna de defunciones de la página femenina.

Ese año, la adversidad golpeó su vida personal. Al contraer matrimonio, uno de sus más grandes deseos era ser madre. Pero para su tristeza, los médicos le anunciaron que no podría tener hijos. ¿La hizo eso darse por vencida y considerarse una fracasada? No. Ella y su esposo exploraron la posibilidad de la adopción y adoptaron una niñita.

Dos años más tarde, una sorprendida Erma descubrió que estaba embarazada. Pero eso le trajo aun mayores dificultades. En cuatro años tuvo cuatro embarazos pero solo dos de los bebés sobrevivieron.

En 1964, Erma logró convencer al editor de un pequeño periódico de un barrio, el *Kettering-Oakwood Times*, que le publicara una columna humorística semanal. No obstante la cantidad insignificante de tres dólares que le pagaban por artículo, esto la mantuvo. Aquella columna le abrió otra puerta. Al año siguiente le ofrecieron la oportunidad de escribir una columna tres veces a la semana para su antiguo empleador, el *Journal-Herald* de Dayton. En 1967, su columna aparecía en más de novecientos periódicos en toda la nación.

Erma escribió su columna humorística por algo más de treinta años. Durante ese tiempo, publicó quince libros, fue reconocida como una de las veinticinco mujeres más influyentes de los Estados Unidos, aparecía frecuentemente en el programa de televisión *Buenos días, América*, apareció en la cubierta de la revista *Time*, recibió innumerables honores (como la Medalla al mérito de la Sociedad Americana del Cáncer), y fue distinguida con quince doctorados honorarios.

MÁS PROBLEMAS DE LA CUENTA

Pero durante ese tiempo, Erma Bombeck también experimentó increíbles angustias y pruebas, incluyendo un cáncer de mama, una mastectomía y deficiencia renal. Y no dudó en revelar su perspectiva sobre las experiencias de su vida:

> Di el discurso de inauguración de las clases en la universidad, y les dije a todos que yo estaba ahí arriba y ellos allá abajo no por mis éxitos, sino por mis fracasos. Luego los puse a todos a rascarse la cabeza: un disco humorístico del que vendí dos copias en Beirut... un programa cómico que duró lo que un dulce en una casa donde hay niños... una obra para Broadway que nunca llegó a Broadway... un libro de firmas al que llegaron dos personas, una preguntando dónde estaba el baño y la otra queriendo comprar la mesita donde estaba el libro.
>
> Lo que usted tiene que decirse es: «No soy un fracasado, solo fracasé al intentar hacer algo». Hay una gran diferencia entre una cosa y otra... Personalmente y, para ser sincera, ha sido un camino duro. He sepultado bebés, he perdido a mis padres, he tenido cáncer y me he preocupado de los niños. El secreto es ponerlo todo en perspectiva... y eso es lo que yo hago.[1]

> *Dígase: No soy un fracasado. Solo fallé al intentar hacer algo. Hay una gran diferencia entre una situación y otra.*

Esa fue la actitud que tuvo Erma Bombeck mientras vivió. (Le gustaba referirse a sí misma como «una ex dueña de casa y ex escritora de obituarios».) Se mantuvo avanzando y escribiendo a pesar de los desalientos, el dolor, las cirugías, y la diálisis diaria hasta que murió a los sesenta y nueve años.

CADA GENIO PUDO HABER SIDO UN «FRACASADO»

Cada persona de éxito es alquien que falló, pero nunca se consideró un fracasado. Por ejemplo, a Wolfgang Amadeus Mozart, uno de los más grandes genios musicales, el emperador Ferdinando le dijo que su ópera *Las bodas de Fígaro* era «demasiado ruidosa» y que tenía «demasiadas notas». El pintor Vincent Van Gogh, cuyos cuadros alcanzan actualmente cifras astronómicas cuando se ponen a la venta, durante toda su vida vendió solo un cuadro. Thomas Edison, el más prolífico inventor en la historia, era considerado cuando joven alguien imposible de aprender nada. Y a Albert Einstein, el más grande pensador de nuestro tiempo, un maestro de Munich le dijo que «nunca llegaría muy arriba».

Creo que no es exagerado decir que a todos los grandes hombres de éxito se les han dado múltiples razones para creer que han sido unos fracasados. Pero, a pesar de eso, han perseverado. Frente a la adversidad, el rechazo y los errores, siguen creyendo en ellos y rehúsan considerarse unos fracasados.

> *A todos los grandes hombres de éxito se les ha dado múltiples razones para creer que han sido unos fracasados. Pero, a pesar de eso, han perseverado.*

QUERER TRIUNFAR NO ES UNA FALSA AUTOESTIMA

En los últimos veinte años, como educadores en los Estados Unidos, hemos visto a muchos estudiantes que por haber reprobado algún examen se han desanimado y su deseo de seguir estudiando ha declinado. Esto los ha llevado a tratar de hallar formas de revertir esa tendencia. Una teoría popular dice que la mejor manera de mejorar la capacidad de los niños es inflar su autoestima. Cuando los educadores observaron que los estudiantes con éxito tenían confianza, reflexionaron que con solo estimular la autoestima se producirían los resultados esperados. Pero tal teoría se ha vuelto contra ellos. Porque investigadores han descubierto que trabajando sobre el ego de los niños se consiguen efectos negativos: indiferencia por la excelencia, incapacidad de superar las adversidades, y agresividad hacia la gente que los critica.[2]

Yo doy un alto valor a reconocer los méritos de las personas, especialmente de los niños. Realmente, creo que las personas esperan más de uno de lo que uno mismo espera de sí. Pero también creo que la alabanza hay que fundamentarla en la verdad. Uno no hace cosas para que los demás lo exalten. Este es el criterio que yo uso para animar y guiar a otros:

Aprecie a las personas.
Alabe el esfuerzo.
Premie el trabajo.

Este método lo uso con todos. Incluso conmigo mismo. Cuando estoy trabajando, no me brindo un reconocimiento a menos que haya terminado lo que estaba haciendo. Cuando emprendo una tarea o un proyecto, me doy por entero y sin pensar en lo que va a resultar, tengo mi conciencia tranquila. Duermo bien por las noches. Y sin detenerme a pensar en los errores que cometo o cuantas veces me equivoco, no dejo que esto devalúe el aprecio que tengo por mí mismo. Como afirma el dicho popular: «Dios usa a la gente que falla, porque no tiene a quién más echarle mano».

Como muchos, supongo que a usted debe serle duro mantener una actitud positiva y evitar sentirse un fracasado. Pero sepa esto: Es posible cultivar una actitud positiva respecto a usted mismo, no importa en qué circunstancias se encuentre o la historia que usted tenga.

SIETE HABILIDADES NECESARIAS PARA TRANSFORMAR LOS FRACASOS EN VICTORIAS

Estas son siete habilidades que tienen los triunfadores y que los capacitan para no dejarse vencer por los errores que cometen, sino que los hacen seguir hacia adelante:

1. Los triunfadores rechazan el rechazo

El escritor James Allen dice: «Una persona es literalmente lo que piensa, su carácter es la suma de todo su pensamiento». Esto es porqué es tan importante pensar en la forma correcta.

La gente que no se rinde se mantiene probando porque no basa su autoestima en lo que realiza. En lugar de eso, tienen una autoimagen basada en lo interior. En lugar de decir: «Soy un fracasado», dicen: «Fallé esta vez», o «cometí un error».

El sicólogo Martin E. Seligman cree que cuando fallamos tenemos dos opciones: Podemos interiorizar o exteriorizar nuestro fracaso. Dice que «cuando falla, la gente que se culpa tiene un pobre concepto de sí misma, cree que no vale nada, que no tiene talento, que nadie la quiere. Pero la gente que culpa a factores externos no pierde su autoestima cuando la golpean hechos negativos». Para mantener la perspectiva correcta, asuma la responsabilidad por sus actos, pero no tome sus fracasos como cosa personal.

2. Los triunfadores ven el fracaso como algo temporal

Para la gente que personaliza los fracasos los problemas son como un hueco que los está succionando permanentemente. Pero los triunfadores ven las cosas como algo temporal. Por ejemplo, tomemos el caso del presidente Harry S. Truman. En 1922 tenía treinta y ocho años, estaba lleno de deudas y no tenía trabajo. En 1945, era el líder más poderoso del mundo libre, ocupando la oficina más importante sobre la faz de la tierra. Si hubiese visto su fracaso como algo permanente, se habría quedado donde estaba y jamás habría podido mantenerse probando y creyendo en su potencial.

> *Cuando los triunfadores fallan, ven el fracaso como algo temporal, no como un mal para toda la vida.*

3. Los triunfadores ven los fracasos como acontecimientos aislados

En cierta ocasión, el escritor Leo Buscaglia hizo referencia a su admiración por la experta en cocina Julie Child: «Me gusta su actitud. Dice: "Esta noche vamos a hacer un suflé". Y con un golpe por aquí, un batido por allá y una serie de aparatos que deja caer al piso hace todas esas cosas maravillosamente humanas. Luego toma el suflé y lo mete en el horno y conversa con usted por unos momentos. Finalmente, dice: "¡En un minuto estará listo!" Pero cuando abre el horno, el suflé está delgado como un panqué. ¿Pero se desespera por eso y rompe en llanto? ¡No! Sonríe, y dice: "Bueno, no se puede ganar siempre, así es que ¡buen provecho!"»

Cuando los triunfadores fallan, ven el fracaso como algo temporal, no como un mal para toda la vida. No es una cosa personal. Si usted quiere triunfar, no permita que un incidente aislado afecte la opinión que usted tiene de sí mismo.

4. Los triunfadores son realistas en lo que esperan

Mientras más grande sea la hazaña que usted quiera alcanzar, mayor será la preparación mental que necesite para vencer los obstáculos y perseverar en el largo camino que tiene por delante. Si quiere dar un paseo por la manzana donde vive, lo más seguro que no esperará encontrarse con problemas. Pero bien distinto sería si se propusiera escalar el Monte Everest. Esto exige tiempo, esfuerzo y la capacidad para vencer los contratiempos. Tiene que enfrentar cada día con expectativas razonables y no dejarse abatir cuando las cosas no salgan como usted quiere.

Ilustra bien este punto algo que ocurrió en el juego que inauguró la temporada de béisbol en el año 1954. El juego era entre los Bravos de Milwaukee y los Rojos de Cincinnati. Por cada equipo hacía su debut en grandes ligas un novato. El novato que jugaba por los Rojos impulsó cuatro dobles y ayudó a su equipo a ganar por nueve carreras a ocho. El novato de los Bravos quedó cero por cinco. El jugador de los Rojos era Jim Greengrass, un nombre que quizás no haya vuelto a escuchar. El otro nombre, del jugador que no logró nada en aquel juego, posiblemente le resulte más familiar. Se trata de Hank Aaron, quien llegó a ser el mejor «jonronero» en la historia del béisbol.

Si las expectativas de Aaron en aquel primer juego hubiesen sido exageradas, quién sabe qué habría sido de él como beisbolista. A lo mejor habría dejado de jugar. Sin duda que su actuación de aquel día no le produjo ninguna satisfacción, pero él no pensó que había fracasado. Había trabajado muy duro durante mucho tiempo. No se daría por derrotado fácilmente.

5. *Los vencedores se concentran en lo que pueden hacer*
Otra manera en que los vencedores evitan personalizar sus fracasos es poner su atención en sus capacidades. Bob Butera, ex presidente del equipo de jockey «Los Diablos» de New Jersey, respondió así a una pregunta que le hicieron sobre qué es lo que hace a un vencedor: «Lo que distingue a un vencedor de un perdedor es que el vencedor se concentra todo el tiempo en lo que puede hacer, no en lo que no puede hacer. Si un jugador es bueno para tirar a la portería del equipo rival, pero no es bueno para desplazarse por la cancha, le decimos que se concentre en tirar, tirar y tirar, nunca en que un rival puede ganarle en el patinaje. La idea es que siempre piense en sus triunfos».

Si una debilidad es cuestión de carácter, hay que prestarle mucha atención. Concéntrese en eso hasta que la supere; lo mejor para transformar los fracasos en victorias es desarrollar y maximizar las capacidades personales.

6. *Los triunfadores varían las estrategias*
En The Psychology of Achievement, Brian Tracy escribe acerca de cuatro millonarios que hicieron su fortuna a los treinta y cinco años de edad. Invirtieron en un promedio de diecisiete negocios antes de dar con el que los llevaría a la cima. Se mantuvieron probando y buscando hasta que encontraron algo que sí funcionó.

Los triunfadores son proclives a variar sus estrategias. Esto es importante en cada esfera de la vida, y no en la de los negocios solamente. Por ejemplo, si usted es un fanático de las competencias atléticas sin duda que disfrutará viendo a los atletas compitiendo en la prueba de salto alto. Siempre me asombra las alturas alcanzadas por hombres y mujeres en esta prueba. Lo que es realmente interesante es que en la década de los 60, esta disciplina sufrió un cambio radical de técnica que permitió a los atletas superar viejas marcas y establecer nuevas mucho más ambiciosas.

La persona responsable para tales cambios fue Dick Fosbury. Mientras los atletas de salto alto anteriores usaban el método de abalanzarse sobre la barra de frente, con un brazo y una pierna adelante, Fosbury desarrolló una técnica que lo lanzaba de espaldas sobre la barra. Se le llamó la caída Fosbury.

Desarrollar una nueva técnica para el salto alto era una cosa. Hacer que fuera aceptada por los demás era otra. Fosbury recuerda: «Se me dijo una y otra vez que no tendría éxito, que no sería competitiva y que sencillamente la técnica no funcionaría. Y todo lo que yo hacía era sonreír y decir: "Ya lo veremos"».

Y la gente lo vio. En 1968, Fosbury ganó la medalla de oro en los juegos olímpicos de México, superando la marca olímpica anterior y estableciendo una nueva marca mundial. Desde entonces, casi todos los grandes saltadores del mundo usan su técnica. Para lograr sus metas, Fosbury cambió su estrategia para el salto alto y con ello no permitió que la gente se refiriera a él como un fracasado.

7. Los triunfadores siempre insisten

Todos los triunfadores tienen en común la habilidad de insistir después de un error, falta, o fracaso. La sicóloga Simone Caruthers dice: «La vida es una serie de resultados. A veces el resultado es lo que uno quiere. Grandioso. Piense en lo que hizo bien. A veces el resultado es lo que usted no quería. Grandioso. Piense en lo que hizo y que no volverá a hacer».[4] Esa es la clave para intentarlo de nuevo.

Los triunfadores están siempre dispuestos a avanzar sin importar lo que ocurra. Y eso es posible porque no olvidan que los fracasos no los convierten en personas fracasadas. Nadie toma los errores como cosa personal. Esa es la forma para que usted no se considere un fracasado.

ALGUIEN QUE REHUSÓ SER UN FRACASADO

Una de las mejores historias que he oído de alguien que rehusó tomar su fracaso como cosa personal es la de Daniel «Rudy» Ruettinger, un niño que quería desesperadamente jugar fútbol por la Universidad de Notre Dame. Es posible que usted haya visto la película *Rudy* basada en su vida. Es una buena película, pero la historia real es mucho más excitante y convincente.

El primero de cuatro hijos en una pobre familia obrera, Rudy amaba los deportes y creía que eso podría permitirle salir de Joliet, Illinois. Cuando estaba en la secundaria, se dedicó por entero al fútbol, pero su corazón era mucho más grande que su físico. Era lento, y con sus cinco pies y seis pulgadas de alto y sus 190 libras no tenía exactamente lo que se requería para ser un buen jugador.

EL SUEÑO DE RUDY

Cuando estaba en el último año de la secundaria, empezó a soñar en matricularse en la Universidad de Notre Dame y jugar fútbol allí. Pero tenía otro problema que enfrentar. Sus notas eran menos prometedoras que su físico. «Terminé tercero en mi clase», acostumbra decir, «pero no de arriba hacia abajo, sino de abajo hacia arriba». Como estudiante era malo. Se graduó de la secundaria con una nota promedio de 1,77 puntos.

En los años siguientes, Rudy cambió su interés de una cosa a otra. Durante un semestre trató de asistir regularmente a clases, pero no lo consiguió. Se fue entonces a trabajar en la planta eléctrica de Joliet, donde permaneció durante dos años. Aquel era el último trabajo que habría querido hacer. Otros dos años los pasó en la Marina, experiencia que resultó como un punto de cambio definitivo en su vida. Allí descubrió que no era tonto y que podía manejar responsabilidades.

Después del servicio militar, volvió a Joliet y de nuevo a trabajar en la planta eléctrica. A pesar de las críticas de su familia, sus amigos y compañeros de trabajo, estaba más decidido que nunca a llegar a Notre Dame. Sabía que no era un fracasado de modo que buscó la manera de alcanzar su sueño.

UNA JUGADA INTELIGENTE

Si usted vio la película, entonces sabrá que Rudy finalmente lo logró. Renunció a su trabajo, se mudó a South Bend y se las arregló para ingresar al colegio universitario Holy Cross que estaba afiliado a la universidad. Asistió al colegio universitario durante dos años logrando un promedio por semestre de 4,0 antes que fuera aceptado en Notre Dame. A los veintiséis años entró a la universidad de sus sueños, ocho años después de graduarse de secundaria.

Le quedaban dos años para aspirar a ser un jugador, y se lanzó a intentarlo. Empezó desde la posición más baja, pero trabajó con todo su empeño. Después de un año, empezó a escalar hasta llegar a la cumbre. Su último año, trabajó duro nuevamente. Y en el juego final de la temporada final, Rudy cumplió su sueño de jugar por la Universidad de Notre Dame.

LA ÚLTIMA OPORTUNIDAD DE RUDY

En la película, Rudy Ruettiger hace una sola jugada al final del partido. Pero eso no fue lo que ocurrió en la realidad.

«En la vida real», dice Rudy, «tuve dos oportunidades. En la primera jugada, no llegué a tiempo. Estaba tan ansioso que fallé». Pero de nuevo, Rudy no dejó que su fracaso hiciera de él un fracasado. Estaba decidido a transformar el fracaso en victoria.

«Yo sabía que sería la última oportunidad que tendría», explica. «Cuando lanzaron el balón, no me preocupé de fallar. Ya había hecho eso antes, y sabía por qué había fallado aquella vez. Así fue como eliminé el miedo. Me mantuve aprendiendo hasta que tuve la confianza que podría hacer lo que tenía que hacer cuando se presentara la oportunidad; de modo que cuando lanzaron la bola por última vez, corrí repasando lo que tenía grabado en la mente y pude detener al jugador contrario».

Llenos de júbilo, sus compañeros lo sacaron del estadio cargándolo sobre sus hombros. Rudy dice que esta es la única vez que ocurre algo así a un jugador del equipo de fútbol de Notre Dame.

Actualmente, Rudy es un conferenciante motivador. Y créalo o no, él fue la fuerza detrás de la producción de la película *Rudy*. Por supuesto, no fue tarea fácil. Le tomó seis años para verla hecha una realidad. (Dos años menos de los que le tomó llegar a Notre Dame.)

En Hollywood le decían: «Tú no eres Paul Horning o Joe Montana». Y Rudy estaba completamente de acuerdo.

«Hay solo uno como ellos», dice, «pero como yo hay millones».[5]

Y eso es lo grande en la historia de Rudy. Él no tiene las habilidades atléticas de un Michael Jordan, ni el genio de un Mozart, de un Van Gogh, un Edison o un Einstein. Es una persona común y corriente, como usted y como yo. La única razón para que sea un triunfador en lugar de una persona del montón, es que se negó a dejar que los fracasos lo abatieran. Aprendió que sin importar las veces que fracases, nada de eso puede hacer de ti un fracasado.

Su tercer paso hacia el lado positivo del fracaso:

Elimine el «yo» de sus fracasos

Si usted ha venido creyendo que es un fracasado, es posible salir de ese patrón de pensamiento negativo. Observe un aspecto de su vida donde ha fracasado repetidamente, y haga lo siguiente:

- *Examine sus expectativas para ese aspecto.* Escríbalas. ¿Son realistas? ¿Espera hacer todo en forma perfecta? ¿Espera tener éxito en el primer intento? ¿Cuántas veces espera fallar antes de tener éxito? Haga un ajuste en sus expectativas.

- *Busque nuevas formas de hacer su trabajo.* Piense en por lo menos veinte nuevas formas y luego intente con por lo menos la mitad de ellas.

- *Observe sus posibilidades.* ¿Cómo puede usar sus mejores habilidades y recursos personales para sacarle el máximo provecho a su esfuerzo?

- *Prométase no darse por vencido*. No importa cuántas veces caiga, levántese y siga adelante.

No espere hasta sentirse positivo para seguir avanzando. Genere dentro de usted mismo el sentirse bien. Es la única manera de empezar a pensar más positivamente de uno mismo.

Pasos hacia el lado positivo del fracaso:

1. Reconozca que hay una gran diferencia entre las personas mediocres y las que triunfan.
2. Aprenda una nueva definición de *fracaso*.
3. Elimine el «yo» de sus fracasos.

4

Usted es demasiado viejo para llorar, pero duele demasiado como para reír

El miedo hace realidad aquello a lo que uno le teme.
—*VIKTOR FRANKL*

Todos hemos oído de los hermanos Wright, aquellos mecánicos de bicicletas que fueron los primeros en motorizar los vuelos en la primera parte del Siglo XX. Las circunstancias que rodearon el primer vuelo de Orville y Wilbur Wright el 17 de diciembre de 1903 constituyen una historia interesante. (Es, sin duda, una historia que ilustra cómo transformar los fracasos en victorias.) Pero lo que quizás usted no sepa es que antes de ese día, los Wright, desconocidos y sin educación universitaria, no eran de ninguna manera líderes en la aviación. Eran personas en las que nadie se fijaba mientras otra persona trataba de poner el primer aeroplano en el aire.

Su nombre era Dr. Samuel P. Langley. Era un respetado ex profesor de matemáticas y astronomía que por ese tiempo fungía como director de la «Smithsonian Institution». Langley era un tremendo pensador, científico e inventor. Había publicado varios libros importantes sobre aerodinámica y tenía la visión de lograr que el hombre volara. De hecho, entre mediados y finales de los años de 1890, había hecho varios experimentos con grandes modelos de aviones no tripulados y había logrado un alto grado de éxito.

Comisionado para triunfar

En 1898, Langley solicitó del Departamento de Guerra de los Estados Unidos fondos para diseñar y construir un aeroplano que pudiera llevar a un hombre a bordo. Le dieron cincuenta mil dólares, una cantidad importante para aquel tiempo. Langley se entregó inmediatamente al trabajo. En 1901 probó con éxito una nave no tripulada que usaba gasolina y que era más pesada que el aire. Era la primera vez en la historia que ocurría tal cosa. Y cuando consiguió los servicios de Charles Manley, un ingeniero para construir un poderoso y nuevo motor liviano basado en los diseños de Stephen Balzar, su éxito parecía inevitable.

El 8 de octubre de 1903 Langley esperaba que sus años de trabajo rindieran sus frutos. Con periodistas y curiosos como testigos, Charles Manley, vistiendo una chaqueta acolchada, caminó a grandes zancadas por la cubierta de una casa flotante modificada y saltó al asiento del piloto de una nave llamada el Great Aerodrome. El aparato motorizado fue instalado sobre una especie de catapulta especialmente construida y diseñada para dar el impulso inicial al Aerodrome. Pero cuando intentaron su lanzamiento, parte del Aerodrome quedó enganchada en la plataforma y el biplano se hundió en más de cinco metros de agua a menos de cuarenta metros de la casa flotante.

La crítica fue despiadada con Langley. El *New York Times*, por ejemplo, publicó lo siguiente:

> No fue una sorpresa el ridículo fiasco de la máquina voladora de Langley al intentar una navegación aérea. La máquina voladora que realmente llegue a volar deberá ser desarrollada por esfuerzos combinados y continuos de matemáticos y mecánicos [sic] en entre uno y diez millones de años ... Sin duda que para quienes se interesan, el problema no deja de tener su atractivo, pero para el hombre ordinario pareciera que los esfuerzos deberían dedicarse a algo más útil.[1]

FRENTE AL FRACASO

Al principio, Langley no dejó que el fracaso o las críticas que lo acompañaron lo desalentaran. Ocho semanas más tarde, en el mes de diciembre, él y Manley estaban listos para intentarlo de nuevo. Habían hecho numerosas modificaciones al *Aerodrome* y una vez más Manley saltó a la cabina desde la cubierta de la casa flotante, listo para hacer historia. Pero como la vez anterior, se produjo el desastre. Esta vez el cable que afirmaba las alas se rompió al momento que el aeroplano era lanzado. Este quedó atascado de nuevo en el riel de lanzamiento y la inercia lo hizo sumergirse en el río. Manley estuvo a punto de perder la vida.

De nuevo las críticas fueron terribles. A su *Great Aerodrome* le pusieron «la locura de Langley» y Langley mismo fue acusado de malgastar los fondos públicos. El *New York Times* comentó: «Esperamos que el profesor Langley no seguirá poniendo su sustancial grandeza como científico en continuar malgastando su tiempo y el dinero envuelto en más experimentos con aeronaves».[2] No siguió.

Más tarde, Langley diría: «He logrado lo que me proponía, demostrar lo práctico de los vuelos mecánicos. Para la etapa siguiente, que es el desarrollo comercial y práctico de la idea, es probable que el mundo busque a otros». En otras palabras, Langley se estaba dando por vencido. Derrotado y desmoralizado había abandonado su trabajo de décadas por tratar de volar sin haber visto jamás uno de sus aviones piloteado surcando los aires. Solo días más tarde, Orville y Wilbur Wright, sin educación, desconocidos y sin recursos, volaron su «Flyer I» sobre las dunas arenosas de Kitty Hawk, Carolina del Norte.

DOS PERSPECTIVAS

El escritor J. I. Packer dice: «Un momento de triunfo consciente hace que uno sienta que después de esto nada realmente importa; un momento de desastre consciente lo hace a uno sentir que es el fin de todo. Pero ni el sentimiento es real ni el suceso es lo que pareciera ser».

Los hermanos Wright no se durmieron en los laureles. La emoción de lo logrado aquel día de diciembre de 1903 no los hizo creer que ya estaba todo hecho. Al contrario, siguieron experimentando y trabajando, y finalmente el público reconoció sus triunfos. En contraste, Langley dejó que su momento de desastre lo hiciera pensar que ese era el fin. Abandonó sus experimentos. Dos años más tarde sufrió un derrame y un año después falleció. Y hoy día, cuando aun los niños de los primeros grados de la escuela han oído de los hermanos Wright, Langley es recordado solo por sus relativamente pocos fiascos en el campo de la aviación.

CUANDO EL FRACASO ATACA EL CORAZÓN

Lo que le pasó a Samuel Langley ocurre en la vida de demasiadas personas en el día de hoy. Dejan que los fracasos afecten emocionalmente lo mejor de ellos y les impida seguir esforzándose por alcanzar sus sueños.

Digámoslo de una vez. El fracaso puede ser muy doloroso, a veces física y, con más frecuencia, emocionalmente. Ver irse al suelo parte de su visión realmente duele. Y si por sobre eso la gente lo ridiculiza, usted se sentirá aun peor. *El primer paso realmente importante en controlar el fracaso es aprender a no personalizarlo sobre la base de saber que su fracaso no lo hace a usted un fracasado.* Pero hay aun más que eso. Para muchas personas el dolor del fracaso las lleva a temer el fracaso. Y llegan a ser como aquella persona que dice: «Soy demasiado viejo para llorar, pero el dolor es muy grande como para reír». Así es como muchas personas se quedan atrapadas en el ciclo del miedo. Y si el miedo lo vence a usted, es casi imposible transformar los fracasos en triunfos.

> *El primer paso realmente importante en controlar el fracaso es aprender a no personalizarlo.*

UN CICLO QUE USTED NO QUERRÁ EXPERIMENTAR

Observe lo que típicamente le ocurre a alguien que no puede vencer el temor del fracaso y queda atrapado en el ciclo del miedo.

Experiencias negativas previas hacen que la persona desarrolle un temor al fracaso que da inicio al ciclo. Por ejemplo, digamos que alguien que experimentó el fracaso fue un niño que trató de vender confites puerta a puerta para reunir dinero para su escuela. Cuando

adulto, ese niño se encuentra en una situación que parece similar, y teme fracasar de nuevo. Sea que se trate de un vendedor que necesita hacer llamadas a los clientes o de un pastor con la misión de visitar personas en sus hogares, aquel fracaso de la infancia puede generar temor. El temor al rechazo crea inacción. Y al no actuar, la persona no adquiere experiencia en tal situación, que es la clave para aprender y vencer obstáculos futuros. La falta de experiencia crea la incapacidad de desenvolverse en situaciones similares. Y eso, finalmente, crea y aumenta el temor. Mientras más tiempo se mantiene el miedo, más difícil será romper el ciclo.

EL MIEDO AL FRACASO DETIENE LOS ESFUERZOS POR SALIR ADELANTE

La inacción que resulta cuando las personas caen en el ciclo del temor toma diversas formas. A continuación tres de las más comunes que he observado:

1. Parálisis

Para algunas personas, el temor al fracaso provoca una parálisis casi absoluta. Dejan de tratar de hacer cualquier cosa que pueda llevarles al fracaso. El presidente Harry S. Truman dijo: «El peor peligro que podemos enfrentar es el de paralizarnos por las dudas y temores. Este peligro es provocado por los que abandonan la fe y se burlan de la esperanza. Es provocado por los que difunden el cinismo y la desconfianza y tratan de negarnos la gran oportunidad de hacer el bien por los demás». La gente cuyo miedo los paraliza renuncia a toda esperanza de salir adelante.

2. Indecisión

Otras personas mantienen la esperanza de superar los fracasos pero nunca se deciden a hacerlo. Alguien llamó a la indecisión el abono que hace crecer las dificultades. Víctor Kiam lo expresó en una forma más categórica; él la llamó el asesino natural de las oportunidades.

La indecisión le roba a la persona su tiempo, su productividad y su potencial. Como dijo el presidente John F. Kennedy: «Todo plan de acción tiene sus riesgos y su costo, pero no tienen punto de comparación con los riesgos y costos de una cómoda inacción». La indecisión es un precio demasiado alto a pagar por temor al fracaso.

3. Falta de propósito

Tom Peters, coautor de *In Search of Excellence*, dice que no hay nada más inútil que alguien que llega al fin del día y se felicita, diciendo: «Bien, pasé el día sin ningún contratiempo». Es lo que hacen muchas personas que le tienen miedo al fracaso. En lugar de ir tras objetivos dignos, evitan el dolor de cometer errores. Y en medio de ese transcurrir pierden de vista cualquier sentido de propósito que alguna vez pudieron haber tenido.

Al tenerle miedo al fracaso y a la inactividad que esto produce, una persona en el ciclo del miedo exhibe efectos colaterales negativos adicionales:

- *Autocompasión*. Siente pena de sí misma. Y a medida que el tiempo pasa, va asumiendo menos responsabilidad por su inactividad y empieza a pensar de ella como una víctima.

• *Excusas.* Una persona puede caer varias veces pero no será un fracasado sino hasta cuando diga que alguien lo empujó. De hecho, la persona que comete una falta y luego se excusa, está añadiendo una segunda falta a la primera. Se puede romper el ciclo del miedo cuando se asume personalmente responsabilidad por la inacción.

• *Energía desperdiciada.* El miedo está dividiendo constantemente la mente y haciendo que una persona pierda el enfoque. Si va en demasiadas direcciones a la vez, no va a llegar a ninguna parte. Se le puede comparar al conductor que aprieta el acelerador con el automóvil en neutro.

• *Desesperanza.* Si se les deja desarrollarse tranquilamente, el miedo y la inacción continuos roban la esperanza. El poeta Henry Wadsworth Longfellow describió esta situación así: «La declinación de una gran esperanza es como la declinación del sol. Se va el brillo de nuestra vida».

ROMPER EL CICLO

A menudo la gente que quiere salir del ciclo del miedo pasa tiempo sintiéndose culpable por su incapacidad de cambiar. Pero una de las razones para estar atrapados en el ciclo del miedo es que concentran su energía en la parte equivocada del mismo. Como saben que algo que mantiene activo el ciclo es su miedo, creen que tienen que eliminarlo para salir de este. Pero la gran mayoría de las personas no pueden hacerlo. No se puede evitar tener miedo. Ninguna poción mágica lo va a hacer irse. Y no se puede esperar estar motivado para seguir adelante. Para conquistar el miedo, la persona tiene que sentirlo y aun así, actuar.

Hace algunos años, mientras permanecía sentado en la silla de la sala de espera del médico, fijé mi vista en unos párrafos de una revista médica que describen la batalla que se debe llevar a cabo:

Casi a diario oímos decir: cuidado, cuidado, cuidado.

Veo que me cuesta motivarme para ... [perder peso, controlarme el nivel de azúcar en la sangre, etc.] Y oímos igual número de advertencias de educadores en materia de diabetes que no logran motivar a sus pacientes para que hagan las cosas correctas para controlar su diabetes y el cuidado de su salud.

Tenemos algo que decirle. La motivación no se va a producir de repente, como cuando se enciende una luz. Y la motivación no es algo que alguna otra persona, enfermera, médico, un familiar, pueda concederle o forzar en usted. Toda la idea de motivación es una trampa. Olvídese de la motivación. Solo *hágalo*. Haga ejercicios, pierda peso, controle el azúcar en la sangre o lo que sea. Hágalo sin motivación y luego, adivine qué. Después que usted empiece a hacer cosas, entonces es cuando aparece la motivación y hace que le resulte más fácil seguir haciendo lo que empezó.

La motivación es como el amor y la felicidad. Es un subproducto. Cuando usted está activamente involucrado en hacer algo, ella se desliza y se mete en usted cuando menos lo espera.

Como dice Jerome Brunner, sicólogo de Harvard: «Es más fácil que usted active a sus sentimientos, que estos lo hagan entrar en acción». ¡De modo que actúe! Sea lo que sea que tenga que hacer, hágalo.

EMPIECE A MOVERSE, IMPÚLSESE, COMETA ERRORES, SIGA ADELANTE

El dramaturgo George Bernard Shaw afirmó: «Una vida usada cometiendo errores no solo es más honorable, sino que es más útil que una vida usada no haciendo nada». Para derrotar el miedo y romper el ciclo, hay que estar dispuesto a reconocer que va a ser necesario pasar gran parte de la vida cometiendo errores. Lo malo es que si la persona ha estado inactiva por demasiado tiempo, echar a andar le será difícil. Lo bueno es que tan pronto como empiece a caminar, le será cada vez más fácil seguir.

Si usted puede entrar en acción y se mantiene cometiendo errores, estará ganando experiencia. (Esta es la razón por la que el presidente Theodoro Roosevelt dijo: «No progresa quien no comete errores».) Esta experiencia producirá competencia, y la persona cometerá menos errores. Como resultado, su miedo será menos paralizante. Pero todo el proceso de romper el ciclo comienza con la acción. Uno debe empezar a actuar hasta sentir, y no esperar a sentir emociones positivas para entonces ponerse en acción.

> *Es más fácil que usted movilice a sus sentimientos, que estos lo hagan entrar en acción.*
> —*JEROME BRUNER*

Una parábola africana capta muy bien esta idea:

Cada mañana en África, una gacela se despierta. Sabe que tiene que correr más rápido que el león, porque si no, morirá. Cada mañana un león se despierta. Sabe que tiene que superar en velocidad a la gacela porque si no, se morirá de hambre.

No es cuestión de si usted es león o gacela. Cuando el sol alumbre, es mejor que eche a correr.

Si para usted siempre ha sido difícil transformar sus fracasos en victorias, entonces tiene que empezar a moverse. No tiene importancia lo que lo haya detenido o por cuánto tiempo se mantuvo inactivo. La única manera de romper el ciclo es enfrentar su miedo y entrar en acción, aun cuando esto parezca pequeño o insignificante.

A VECES HASTA LOS MEJORES CAEN

Mucha gente sin éxito cae en el ciclo del miedo. Pero lo mismo ocurre con las personas altamente exitosas. Por ejemplo, cuando se observa la vida del compositor George Frederick Händel, se puede ver a una persona exitosa que se encontró en una situación de la que necesitaba desesperadamente salir.

Händel fue un músico prodigioso. Aunque su padre quería que estudiara leyes, él se dedicó a la música desde una edad muy temprana. A los diecisiete años, consiguió el puesto de organista en la catedral en Halle, su ciudad natal. Un año después, fue violinista y clavicembalista en la casa de la ópera del káiser en Hamburgo. Cuando tenía veintiún años, fue un virtuoso del teclado. Cuando empezó a componer, ganó inmediata fama y pronto fue nombrado director de la capilla de la corte del elector de Hanover (posteriormente rey Jorge I de Inglaterra). Cuando se mudó a Inglaterra, su renombre aumentó. Cuando tenía cuarenta años, ya era famoso mundialmente.

UN REVÉS DE LA FORTUNA

A pesar de su talento y fama, Händel enfrentó una considerable adversidad. La competencia con compositores ingleses rivales fue dura. El público era veleidoso y a veces no acudía a sus presentaciones. Además de eso, fue víctima frecuente del cambio de los vientos políticos de esos tiempos. Varias veces se encontró sin un centavo en los bolsillos y al borde de la bancarrota. Era difícil para él dominar el dolor que le provocaban el rechazo y los fracasos, especialmente después de un pasado tan próximo y tan exitoso.

Luego sus problemas se complicaron por el quebrantamiento de su salud. Sufrió un derrame que lo dejó con su brazo derecho sin movimiento lo que significó la pérdida del uso de cuatro dedos de su mano derecha. Aunque se recuperó, quedó abatido. En 1741, decidió que era el tiempo de retirarse, aun cuando solo tenía cincuenta y seis años. Se sentía desanimado, miserable y lleno de deudas. Creía que sus acreedores lo mandarían a prisión. El 8 de abril de ese mismo año, ofreció lo que se interpretó como su concierto de despedida. Triste y lleno de autocompasión, se dio por vencido.

LA INSPIRACIÓN PARA SEGUIR ADELANTE

Pero en agosto de ese año, algo increíble ocurrió. Un amigo acaudalado llamado Charles Jennings visitó a Händel y le entregó un libreto basado en la vida de Cristo. La obra intrigó a Händel lo suficiente como para ponerlo en acción. Empezó a escribir. E inmediatamente se le abrieron las compuertas de la inspiración. Su ciclo de inactividad había sido roto. Durante veintiún días, escribió casi sin parar. Luego pasó otros dos días trabajando en la orquestación. En veinticuatro días, completó el manuscrito de doscientos sesenta páginas. Llamó a esa obra *El Mesías*.

Hoy día, *El Mesías* de Händel es considerado una obra maestra y la culminación del trabajo del compositor. De hecho, Sir Newman Flower, uno de los biógrafos de Händel, dijo de la preparación de *El Mesías:* «Considerando la inmensidad de la obra y el corto tiempo que usó, quedará, quizás para siempre, como la más grande proeza en toda la historia de la composición musical».[3]

Cuando se han logrado vencer los dolores emocionales del fracaso, no importa mucho cuán buena o mala sea su historia personal. La única cosa que importa es que usted enfrentó a su miedo y logró ponerse en actividad. Haga eso y se estará dando la oportunidad de aprender cómo dar con el lado positivo del fracaso.

Su cuarto paso hacia el lado positivo del fracaso:

Entre en acción y reduzca su miedo

¿A qué objetivo esencial para su éxito teme enfrentar más en este momento? Escríbalo aquí:

La única forma de mantenerse avanzando es enfrentar el miedo y ponerse a caminar. Anote a continuación todos sus miedos asociados con la actividad:

Examine su lista y acepte el hecho que usted tiene miedo. Decida qué *primer paso* puede dar para empezar a moverse en su intento de alcanzar tal objetivo. No importa si es pequeño o grande. Solo hágalo. Si fracasa, inténtelo de nuevo. Siga intentando dar el primer paso. Luego decida cuál es el siguiente paso.

Recuerde, es casi imposible poner en acción sus sentimientos. Póngase en acción usted y sus sentimientos seguirán su ejemplo. La única manera de vencer el miedo es entrando en acción.

Pasos para encontrar el lado positivo del fracaso:

1. Reconozca que hay una gran diferencia entre las personas mediocres y las que triunfan.

2. Aprenda una nueva definición de *fracaso*.

3. Elimine el «yo» de sus fracasos.

4. Entre en acción y reduzca su miedo.

5

Encuentre la salida en la
supercarretera del fracaso

En el momento en que le surja una pregunta, véase mentalmente haciéndose cargo de ella y dándole el lugar que le corresponde. En ese momento, usted habrá tomado una decisión. Así aprenderá a dar los pasos correctos. Así aprenderá a ser el que decide y no el que reacciona. De esta manera moldeará su carácter.

—H. VAN ANDERSON

Los profesores de comercio Gary Hamel y C. K. Prahalad han escrito sobre un experimento llevado a cabo con un grupo de monos. Es una historia real de fracaso.

Cuatro monos fueron puestos en un cuarto que tenía un gran palo en el centro. Suspendido de lo más alto del palo había un racimo de bananas. Hambriento, uno de los monos empezó a subir por el palo para conseguir algo para comer, pero cuando estaba por alcanzar las bananas, se le lanzó un chorro de agua fría. Chillando, se bajó del palo y renunció a su intento de conseguir comida. Los demás monos hicieron esfuerzos similares y cada uno fue bañado con agua fría. Después de varios intentos, finalmente se dieron por vencidos.

Entonces los investigadores sacaron del cuarto a uno de los monos y lo reemplazaron por otro. En el momento en que el recién llegado empezó a subir por el palo, los otros tres lo agarraron y lo bajaron.

Después de haber intentado subir por el palo varias veces y de ser bajado por los otros, él finalmente se dio por vencido y no volvió a intentar subir al palo otra vez.

Los investigadores reemplazaron a los tres monos originales, uno por uno, y cada vez ponían un mono nuevo, el que sería bajado del palo por los otros antes que pudiera llegar a las bananas. Llegó el momento en que el cuarto estaba lleno de monos que nunca habían recibido una ducha de agua fría. Ninguno trató de subir por el palo, pero ninguno sabía por qué.[1]

NO DEJE QUE EL FRACASO HAGA UN MONO DE USTED

Desdichadamente, la gente que acostumbra fracasar es muy parecida a estos monos. Cometen el mismo error una vez tras otra, aunque nunca están seguros por qué. Y como resultado, nunca logran salir de lo que yo llamo la supercarretera del fracaso. El viejo dicho tiene razón: Si usted siempre hace lo que siempre ha hecho, siempre va a obtener lo que siempre ha obtenido.

Reconozcámoslo. Las personas son proclives a la rutina.

> *Si usted siempre hace lo que siempre ha hecho, siempre va a obtener lo que siempre ha obtenido.*

Y quienquiera que haya sido condicionado a pensar que el fracaso es su destino, debe vivir tiempos duros tratando de salir de la supercarretera del fracaso. Si usted siente que es como uno de los monos del experimento; es decir, sin poderse ver logrando lo que quiere aun sin saber por qué, entonces échele una mirada al patrón en el que muchas personas proclives al fracaso caen y a la solución final.

TODO COMIENZA CON UN *DESORDEN*

Lo que hace que la gente entre a la supercarretera del fracaso es un error común, un fracaso o un desorden. Pero los que se mantienen en esta supercarretera no creen que es problema de ellos. Son como los conductores que escribieron las siguientes explicaciones para el accidente automovilístico en el cual se vieron involucrados:

- «Al llegar a una intersección, un arbusto apareció de pronto, dificultándome la visión».

- «Un auto invisible salió de algún lugar, dio contra mi auto y luego desapareció».

- «El poste del teléfono se acercaba a toda velocidad. Yo intenté salirme de su camino cuando me golpeó de frente».

- «La causa indirecta de este accidente fue un hombre pequeño en un carro pequeño con una boca grandota».

- «Había venido conduciendo mi automóvil por cuatro años cuando me dormí en el volante y tuve un accidente».

- «Iba camino al doctor con problemas en mi parte de atrás cuando mi unión universal cedió provocándome un accidente».

- «Atropellé al peatón cuando traté de evitar golpear el parachoques del carro que iba adelante».

- «Venía para mi casa, me metí en la calzada equivocada y golpeé un árbol que yo no tenía».

- «Solo me estaba cuidando del auto que venía detrás de mí».

- «El transeúnte no tenía idea de cuál dirección tomar, así es que pasé por encima de él».

- «El tipo estaba en medio del camino, así es que tuve que hacer varios virajes antes de golpearlo».

- «Me salí al lado del camino, le eché una mirada a mi suegra, y me fui contra al terraplén».

Muchas personas en la supercarretera del fracaso cometen errores pero se niegan a admitirlos. Ven cada obstáculo o error como una falta cometida por otra persona. Y como resultado, por lo general responden en una o más de las siguientes maneras:

Estallar
Una reacción al fracaso que mantiene a las personas conduciendo por la supercarretera del fracaso es la rabia. Probablemente usted lo ha

visto. A la menor falta, la gente reacciona con exageración, echando su frustración sobre ellos mismos o sobre otros cerca de ellos.

El enojo no controlado hace grandes los pequeños problemas. El escritor inglés del siglo diecinueve Charles Buxton lo resumió así: «El mal temperamento lleva en sí su propio castigo. Pocas cosas son más amargas que sentirse amargo. El hombre se contagia con su propio veneno más de lo que puede hacerle a su víctima». Si una persona no controla su temperamento, este lo controlará a ella.

Encubrimiento

Tratar de encubrir sus errores está en la naturaleza de las personas. Esta tendencia es tan antigua como Adán y Eva en el Huerto del Edén, y por lo general es tan exitosa ahora para nosotros como lo fue para ellos.

Oí un chiste acerca de un joven piloto de la marina mientras estaba en maniobras que muestra cómo la gente reacciona muchas veces a sus mentiras. Antes del despegue, el comandante había ordenado silencio absoluto de las radios de los que participaban en el ejercicio. Pero uno de los pilotos equivocadamente encendió su radio y se escuchó un murmullo: «¡Ay, ay, ay, estoy en problemas!»

El comandante tomó el micrófono de un radio operador y dijo: «¿Podría el piloto que hizo funcionar la radio identificarse de inmediato?»

> *No malgaste energías tratando de cubrir tu fracaso. Aprende de tus errores y enfrenta el siguiente desafío. Está bien fallar. Si no fallas, no estarás creciendo.*
>
> *—H. STANLEY JUDD*

Hubo un largo silencio, y luego se escuchó por la radio una voz que decía: «¡Es probable que esté en problemas, pero *no tanto!*»

El deseo de la gente de asegurarse que los demás no vean sus faltas no siempre hace reír. Por ejemplo, tomemos el caso de Nicholas Leeson. En 1995, a los veintiocho años trabajaba para el banco británico

Barings. Controlaba grandes sumas de dinero, las que trataba de aumentar a través de lo que se llamaba inversión estilo casino. Cuando las transacciones de Leeson resultaban en grandes pérdidas, él las cubría y hacía inversiones más riesgosas para tratar de recuperarse de tales pérdidas. Los analistas dicen que era como jugar al doble o nada. El problema fue que Leeson se fue quedando sin nada, a través de pérdidas cada vez mayores. Finalmente, sus acciones le costaron al banco Barings 1,3 billones de dólares. Él solo puso fuera del negocio a uno de los bancos más antiguos del mundo.

H. Stanley Judd dijo: «No malgastes energías tratando de cubrir tu fracaso. Aprende de tus errores y enfrenta el siguiente desafío. Está bien fallar. Si no fallas, no estarás creciendo». Si alguien quiere salir de la supercarretera del fracaso necesita confesar en lugar de encubrir sus errores.

Aceleración

A veces, personas particularmente porfiadas tratan de dejar sus problemas atrás a través de trabajar duro y rápido pero sin cambiar de dirección. Son como aquel que trata de hacer entrar una pieza cuadrada en un hoyo redondo poniendo primero la pieza en el hoyo; luego tratando de meterla a la fuerza hasta que busca un martillo y a martillazos trata de conseguirlo. Están trabajando duro pero no están llegando a ninguna parte.

William Dean Singleton, codueño de la corporación Media-News Group Inc., se refiere así a esta tendencia: «Demasiada gente, cuando comete una falta, trata tercamente de seguir adelante cometiendo siempre el mismo error. Yo creo en el dicho: "Trata y trata otra

> *Demasiada gente, cuando comete una falta, trata tercamente de seguir adelante cometiendo siempre el mismo error. Yo creo en el dicho: «Trata, y trata otra vez». Pero la forma en que lo leo es: «Trata, luego detente y piensa. Y entonces trata de nuevo».*
>
> —*WILLIAM DEAN SINGLETON*

vez". Pero la forma en que lo leo es: "Trata, luego detente y piensa. Y entonces trata de nuevo"».

Reconocer

¿Ha hablado alguna vez con alguien que durante una conversación hizo una afirmación irreflexiva y, tan pronto como la hizo, usted le dijo que había cometido un error, pero cuando usted se lo hizo notar, esa persona se negó a admitirlo? No importa lo que usted le diga, se mantiene negándolo y tratando de justificar su afirmación, lo que le hace aparecer a usted como un estúpido. Eso es lo que hace la gente que niega lo que hace. Y si transforman esa práctica en un hábito, no logran salir de la supercarretera del fracaso.

Cuando mi esposa Margaret y yo estábamos criando a nuestros hijos, Elizabeth y Joel Porter (ambos ahora casados), nos dimos cuenta que nuestro hijo era porfiado como él solo. Cuando hacía algo malo, su primera reacción era mentir. Luego lo negaba y trataba de encubrirlo. Todavía puedo recordar su expresión de persona ofendida cuando negaba enfáticamente que no se había comido el chocolate, con su

> *El noventa por ciento de todos los que fallan no están realmente derrotados. Sencillamente se dan por vencidos.*
> —PAUL J. MEYER

rostro de niño de nueve años embadurnado de chocolate. Margaret y yo tuvimos que trabajar duro para quitarle esa inclinación.

El general Peyton C. March dijo: «Cualquier hombre que se valore de serlo defenderá lo que cree correcto, pero se necesita un hombre aun más grande para reconocer instantáneamente y sin reserva que está en un error». Me siento feliz que hoy día mi niño Joel sea un hombre, y que cuando está en un error, lo admita. Y eso es bueno porque nadie podrá encontrar la salida de la supercarretera del fracaso si sigue negando lo que hace.

Darse por vencido

Si usted permanece en la supercarretera del fracaso suficiente tiempo, finalmente irá más despacio. Es similar a lo que ocurre en las horas de mayor tránsito en la carretera interestatal 285 que pasa por Atlanta. Es entonces cuando una gran cantidad de personas sencillamente se da por vencida. Paul J. Meyer, experto en crecimiento personal dice: «El noventa por ciento de todos los que fallan no están realmente derrotados. Sencillamente se dan por vencidos».

PERO AL SEGUIR ADELANTE, USTED SE MANTIENE DESPIERTO

Hay en realidad una sola solución al atolladero en la supercarretera del fracaso y esta es despertar y buscar la salida. Para salir del camino de fracasos continuos es necesario primero que todo pronunciar las tres palabras más difíciles de decir: «Yo estaba equivocado». La persona tiene que abrir los ojos, admitir sus errores y aceptar la total responsabilidad por sus acciones y actitudes equivocadas. Cada fracaso que haya experimentado es una bifurcación en el camino. Es una oportunidad para tomar la acción correcta, aprender de las faltas cometidas y empezar de nuevo.

Peter Drucker, experto en liderazgo, dice: «Mientras mejor es el hombre, más faltas cometerá, porque tratará de hacer más cosas nuevas. Yo nunca promovería a la posición más alta del trabajo a un hombre que no esté cometiendo errores ... porque sin duda se trata de un mediocre». Los errores, en realidad, pavimentan el camino para alcanzar el éxito.

He aquí una serie de reflexiones que me ayudan a mantener los errores en perspectiva. Los errores son...

Mensajes que nos realimentan acerca de la vida.
Interrupciones que nos hacen reflexionar y pensar.
Señales en el camino que nos indican la dirección
correcta.

Pruebas que aumentan nuestro proceso de
maduración.
Despertamientos que nos mantienen mentalmente en
el juego.
Llaves que podemos usar para abrir la siguiente puerta
de la oportunidad.
Exploraciones que nos hacen andar por donde nunca
antes habíamos pasado.
Afirmaciones sobre nuestro desarrollo y progreso.

Hace unos pocos años hablé en una reunión a la que asistían más
de cincuenta mil personas. Conté algo que escribió Portia Nelson. Ha
sido una de las cosas que más me ha pedido la gente que me ha oído
hablar. Se llama «Autobiografía en cinco capítulos breves». Mejor que
cualquiera otra cosa, describe el proceso de salir de la supercarretera
del fracaso:

Capítulo 1. Voy caminando por la calle. En la vereda hay un hueco
profundo. Caigo en él. Estoy perdido. Sin ayuda. No es culpa mía.
Me tomará toda la vida salir de aquí.

Capítulo 2. Voy caminando por la calle. En la vereda hay un hueco
profundo. Hago como que no lo veo. De nuevo caigo en él. No
puedo creer que esté en el mismo lugar, pero no es mi culpa. Sigo
necesitando mucho tiempo para salir de aquí.

Capítulo 3. Voy caminando por la misma calle. En la vereda hay un
hueco profundo. Veo que está ahí. Caigo en él. Es un hábito. Mis
ojos están abiertos. Sé donde estoy. Es mi culpa. Salgo inmediatamente.

Capítulo 4. Voy caminando por la misma calle. En la vereda hay un
hueco profundo. Camino rodeándolo.

Capítulo 5. Me voy por otra calle.

La única manera de salir de la supercarretera del fracaso y ver el nuevo territorio de posibilidades es asumir su responsabilidad por usted y sus errores. Michael Korda, editor en jefe de Simon y Schuster, dijo: «El éxito en cualquier escala mayor demanda que la persona asuma su responsabilidad ... En el análisis final, la única cualidad que tienen todas las personas que triunfan es la capacidad de asumir su responsabilidad».

> *El éxito en cualquier escala mayor demanda que la persona asuma su responsabilidad ... En el análisis final, la única cualidad que tienen todas las personas que triunfan es la capacidad de asumir su responsabilidad.*
> —MICHAEL KORDA

SU CAPACIDAD MÁS IMPORTANTE: RESPONSABILIDAD

La batalla por asumir la responsabilidad se libra dentro de uno. Y rara vez se gana gracias al talento, inteligencia u oportunidades. Demanda voluntad. Es por esto que Stewart B. Johnson declaró: «Nuestra misión en la vida no es ir delante de los demás, sino ir delante de nosotros mismos, romper nuestra propia marca, dejar atrás nuestro ayer por nuestro hoy».

Es posible saber cuándo las personas desarrollan un carácter firme, aceptan la responsabilidad por ellos mismos y empiezan a aprender de sus fracasos. Se ve en su manera de actuar. Por ejemplo, yo vi eso en Chris Chandler de los Halcones de Atlanta después que me mudé a Georgia.

Chandler es un jugador que tenía un historial de andar deambulando de equipo en equipo. Antes de ser contratado en Atlanta, había jugado con cinco equipos en nueve años, y nunca se había destacado. Pero las cosas empezaron a cambiar para él cuando estaba en Phoenix. Allí fue donde conoció a Jerry Rhome.

«Me encontraba en un punto en que ya nada me importaba», dice Chandler acerca de esa parte de su carrera. Su relación con la liga afectaba su disposición de asumir toda la responsabilidad por su falta de éxito. «Yo creía que la NFL (Liga Nacional de Fútbol estadounidense) estaba totalmente politizada y yo estaba dispuesto a abandonarlo todo. Jerry me reinsertó en una actitud de competitividad y me enseñó a jugar. Hizo que de nuevo todo fuera divertido».

¿Qué fue lo que hizo Rhome? Le dijo a Chandler la verdad. «Le dije después de la temporada que él tenía muchas habilidades, pero que era inmanejable. Y me ofrecí a trabajar con él.[2]

Al principio, Chandler se resistió. Él esperaba que los demás se ajustaran a su estilo y habilidad. Pero cambió de parecer y aceptó la oferta de Rhome. Con ayuda, trabajo duro, y una nueva decisión de cambiar él en lugar de esperar que los demás cambiaran, Chandler ha llegado a ser uno de los mejores jugadores de la NFL. En 1999 llevó a su equipo al «Super Bowl» de ese año.

OTRO CAMINO A LA FAMA

No todos aprenden la lección de asumir la responsabilidad por sus acciones. Una de las historias más inusuales que he encontrado acerca de alguien en la supercarretera del fracaso es la de Rosie Ruiz. En 1980, fue la primera mujer en cruzar la meta en el maratón de Boston con el tercer mejor tiempo jamás logrado por una mujer. Pero desde el momento que ella terminó la carrera, la gente empezó a sospechar de su «victoria».

La persona más afectada fue Jacqueline Gareau. Aunque no era favorita para ganar, la Gareau se había entrenado durante tres años. Durante el curso de la carrera, había estado al frente de todo el grupo de mujeres. Parecía que la victoria sería suya. Pero cuando faltaba aproximadamente una milla para llegar a la meta, otra mujer apareció de repente sobrepasándola. Y esa otra mujer, la Ruiz, llegó antes que ella y fue declarada la ganadora.

Inmediatamente se produjo una conmoción.

«Yo sabía que algo olía mal», dijo Bill Rodgers, el ganador entre los hombres. Y agregó que la Ruiz tenía demasiada grasa y no tenía suficientes músculos para ser una corredora de distancia. Y sobre todo eso, en la meta no se veía fatigada, no sudaba y cuando la entrevistaron, usó un lenguaje poco afín con la terminología de los corredores.

Las autoridades de la carrera entraron en sospechas y empezaron a investigar. Encontraron que la Ruiz había calificado para el maratón de Boston tras haber obtenido una puntuación fraudulenta en el maratón de Nueva York. Supusieron que en la carrera de Boston, la Ruiz había saltado dentro del grupo de corredoras a una milla de la meta, sin sospechar que lo había hecho en el grupo que iba a la cabeza. La Asociación Atlética de Boston la descalificó y, una semana más tarde, dieron la medalla de ganadora a la Gareau.

SIGUE EN LA SUPERCARRETERA

Lo más sorprendente es que años después, aún la Ruiz sigue sin aprender de su error. En una carrera de diez kilómetros en la ciudad de Miami, la Gareau vio a la Ruiz y trató de hablar con ella para aclarar las cosas. La Gareau recuerda que le dijo: «¿Por qué hizo lo de Boston?» Y ella le respondió: «Yo gané la carrera». La Gareau concluye diciendo: «No hay forma de tener una conversación con ella».

Dos años después de su aparición en el maratón de Boston, la Ruiz fue arrestada y acusada de robar a su empleador dinero efectivo y cheques. Un año más tarde fue detenida tratando de vender dos kilos de cocaína a un policía encubierto.[3] Como dijo Sir Josiah Stamp: «Es fácil evadir nuestras responsabilidades, pero no podemos evadirnos de las consecuencias de nuestras responsabilidades».

Yo no sé qué estará haciendo actualmente Rosie Ruiz. Sus actividades pasadas me recuerdan la etiqueta que vi una vez pegada en el parachoques de un automóvil: «No me siga. Estoy perdido».

En aquel entonces, la Ruiz hacía un montón de cosas, pero no estaba yendo a ninguna parte. Es

> *Es fácil evadir nuestras responsabilidades, pero no podemos evadirnos de las consecuencias de nuestras responsabilidades.*
>
> —*SIR JOSIAH STAMP*

de esperar que finalmente haya encontrado la salida de la supercarretera del fracaso.

Su quinto paso hacia el lado positivo del fracaso:

Cambie su reacción ante el fracaso aceptando su responsabilidad

Recuerde algún fracaso reciente que le haya parecido que no fue nada. Busque *algo* negativo en la situación por la que debería sentirse responsable. Asuma la responsabilidad.

Una vez que empiece a pensar en términos de cuál es su responsabilidad, va a poder cambiar. Y cambiar de actitud, es decir, la forma en que ve los fracasos, es el siguiente paso para transformar sus fracasos en victorias y el tema de la parte que sigue de este libro.

Pasos hacia el lado positivo del fracaso:

1. Reconozca que hay una gran diferencia entre las personas mediocres y las que triunfan.

2. Aprenda una nueva definición de *fracaso*.

3. Elimine el «yo» de sus fracasos.

4. Entre en acción y reduzca su miedo.

5. Cambie su reacción ante el fracaso aceptando su responsabilidad.

¿Está usted dispuesto a cambiar?

6

No importa lo que le ocurra, el fracaso es un asunto interno

La vida no es simplemente tener una buena mano.
La vida es jugar bien una mala mano.
—REFRÁN DANÉS

Cuando esté dispuesto a aceptar su responsabilidad por sus problemas y por sus errores, estará mejor preparado para transformar sus fracasos en victorias. ¿Pero qué hacer cuando las dificultades que usted no ha creado lo agobian y no puede controlarlas?

No hay otro momento en que las personas estén más expuestas a permitir que los fracasos los venzan y darse por derrotados que cuando las circunstancias externas causan angustia y dolor extremos. Pero en última instancia no importa si la dificultad ha sido creada por la persona o viene de alguien fuera, el fracaso se origina dentro de la persona. Siempre es algo interno. Permítame ilustrar este punto.

En la primavera de 1999, mi editor, Thomas Nelson, me invitó a dictar conferencias en varias ciudades alrededor del país en una gira relacionada con libros. Una de mis paradas fue Lexington, Kentucky, y allí fue donde conocí a Greg Horn, dueño de la tienda de comestibles Payless Food Center, de Cynthiana, Kentucky. Greg me contó una historia increíble que muestra que no importa lo que le ocurra *a* usted, lo importante es lo que ocurre *en* usted.

MANTENER LA CABEZA (Y EL CORAZÓN) FUERA DEL AGUA

El 1 de marzo de 1997, Greg estaba en Bossier City, Louisiana, adonde había viajado desde su casa en Kentucky para asistir a mi conferencia de dos días sobre liderazgo. Cuando la conferencia concluyó, abordó un avión y se dirigió a St. Louis en la primera etapa del viaje de regreso a su casa, pensando con entusiasmo en la forma de poner en acción el entrenamiento sobre liderazgo que había recibido.

Cuando llegó al aeropuerto en St. Louis para tomar su conexión a Lexington, se sorprendió al descubrir que su vuelo estaba atrasado debido al mal tiempo en Kentucky. Cuando la demora se transformó en la cancelación del vuelo, Greg tuvo que quedarse a pasar la noche en St. Louis. En realidad, no le dio mucha importancia al percance. Estaba acostumbrado a viajar y sabía que tales situaciones suelen presentarse. A la mañana siguiente, tomó el primer vuelo que lo sacó de St. Louis.

Solo cuando aterrizó en Lexington se dio cuenta de la magnitud del problema causado por el mal tiempo. Mientras conducía desde el aeropuerto rumbo al norte, hacia Cynthiana, empezó a ver los efectos de la lluvia torrencial que había hecho que su vuelo fuera cancelado. Cuando supo que el río Licking, que pasaba por Cynthiana se había desbordado, empezó a preocuparse por su tienda. Se fue directamente hacia allá, esperando encontrarse con que todo estaba bien. La distancia de treinta millas se le hicieron una eternidad.

Y LA MALA NOTICIA ES...

Cuando finalmente llegó, encontró que toda el área estaba inundada. A doscientos metros de su tienda, pudo ver únicamente el techo y el letrero: PAYLESS FOOD CENTER. El resto estaba bajo agua. Desmoralizado, se dirigió a su casa, pero ni siquiera pudo llegar cerca.

Durante tres días vivió con su hermana en Lexington, esperando que el nivel del agua bajara y pensando qué podría hacer. Llamó a su agente de seguro para descubrir que las cosas se ponían peor. Tenía todos los seguros imaginables, menos el de inundación. El seguro no le servía de nada.

EVALUAR LOS DAÑOS

Entre esto y aquello, transcurrieron cinco días hasta que pudo entrar a la tienda. Cuando abrió las puertas, se encontró con una devastación total. Ahí estaba, parado en medio de quinientos mil dólares en mercadería y bienes totalmente destruidos. La caja registradora electrónica estaba llena de agua sucia, y una cámara frigorífica de quinientas libras donde acostumbraba tener las bolsas de hielo, había sido alzada por el agua y lanzada sobre uno de los mesones de la tienda. Era la clase de situaciones que hace que cualquiera persona desee salir de allí, cerrar las puertas y no volver jamás.

«Hasta ese punto, no tenía salida», recuerda Greg. Al darse cuenta que la tragedia había hecho fracasar su negocio, pudo haberse dado por derrotado. «Pude haberme declarado en bancarrota, pero rehusé hacer eso. Fue en ese momento que recordé los principios sobre liderazgo que había aprendido solo unos días atrás. No es lo que me suceda *a* mí, sino lo que sucede *en* mí. No es el tamaño del problema, sino cómo manejo el problema. Cuando caigo, tengo que levantarme. Estaba decidido a superar esa experiencia».

Se aseguró que el edificio estuviera aun estructuralmente sólido aunque el interior no sirviera para nada. Todo lo que había adentro hubo que retirarlo, a mano. Fue necesario hacer veintidós viajes de camión para limpiar completamente el interior de basura. Fue necesario reemplazar todas las cajas registradoras. Hasta el piso hubo que ponerlo nuevo. Greg y su personal trabajaron incansablemente de la mañana a la noche. Después de una inversión de un millón de dólares, la tienda pudo ser abierta nuevamente y todo ocurrió en nada menos que en dieciséis milagrosos días. La tienda permaneció cerrada solo veintiún días después de la inundación.

ANÁLISIS DEL IMPACTO

¿Cómo una persona puede medir el impacto de algo como una inundación como la que arruinó la tienda de Greg Horn? Se puede medir en dólares. También se puede medir en días. Se puede medir en el impacto emocional que recibe el dueño. Pero Greg lo anima a usted a que lo mida en términos de las vidas de otras personas: «Ser capaz de volver abrir en veintiún días permitió a ochenta personas volver al trabajo, muchos de los cuales fueron personalmente afectados por la inundación. Y como leemos en Proverbios: "La humillación viene antes del honor"».

Greg Horn es un gran ejemplo de una persona que aprendió a transformar sus derrotas en victorias. Muchas personas desean controlar las circunstancias de sus vidas, pero la verdad es que no podemos determinar lo que nos puede ocurrir. No podemos controlar las cartas que damos, pero sí la forma en que jugamos esas cartas. Es lo que Greg hizo. Pudo haber hecho de la inundación la tumba de su tienda y de su carrera. En lugar de eso, convirtió aquella experiencia en escalones para sus empleados, su comunidad y él mismo.

«Entré en el negocio de los alimentos porque quería hacer un impacto en la gente», dice Greg. «Antes de abrir mi tienda en Cynthiana trabajé para los chocolates Hershey, donde tenía un territorio de 1,2 millones de dólares. Me estaba yendo bien, pero no era suficiente».

> *El hombre no es derrotado por sus oponentes, sino por sí mismo.*
> —*JAN CHRISTIAN SMUTS*

Desde que ocurrió la inundación, ha recibido numerosos premios y la cámara local de comercio lo ha reconocido como el comerciante del año. Y él está usando aquella experiencia negativa de la inundación para comenzar una carrera como motivador. Casi cada semana, comunica públicamente su mensaje de aliento a otros.[1]

El general sudafricano Christian Smuts dijo: «El hombre no es derrotado por sus oponentes, sino por sí mismo». Esto es verdad. No importa cuán desalentadoras sean las circunstancias de su vida, la batalla más grande que usted tiene que librar contra el fracaso tiene lugar dentro de usted, no afuera. ¿Cómo librar esa batalla? Comience por cultivar la actitud correcta.

LO QUE USTED VE ES LO QUE OBTIENE

Quizás usted esté familiarizado con la Ley de Murphy, que dice: «Si algo malo tiene que ocurrir, ocurrirá, y ocurrirá en el peor momento». Y también el Principio de Pedro, que dice: «La gente siempre se eleva hasta el nivel de su incompetencia». (Entre paréntesis, ambos fueron escritos por pesimistas.) Un adagio similar es la ley de la conducta humana: «Tarde o temprano tenemos lo que esperamos tener».

Tengo una pregunta que hacerle: ¿Es la ley del comportamiento humano optimista o pesimista? Deténgase y piense antes de responder. Le digo esto porque su respuesta revelará su actitud. Si usted espera lo peor de la vida, entonces es probable que diga que la ley fue escrita por un pesimista. Pero si tiene una visión positiva, entonces probablemente responderá «optimista» porque la perspectiva de llegar a tener lo que espera lo alienta. Su actitud determinará su perspectiva.

ACTITUD POSITIVA: LA PRIMERA CLAVE PARA LO QUE LE OCURRA

El primer elemento en ganar la batalla interior contra el fracaso es una perspectiva positiva. El profesor de sicología de la Universidad de Pennsylvania, Martin Seligman, quien ha estudiado a empleados en treinta industrias diferentes, hace la siguiente observación: «Las personas que insisten son optimistas».[2] Veamos. No todas las personas son optimistas por naturaleza. Algunas personas nacen viendo el vaso medio vacío en lugar de medio lleno. Pero no importa cuál sea su tendencia, usted puede llegar a ser una persona optimista. ¿Cómo cultivar el optimismo? Aprendiendo el secreto del contentamiento. Si puede aprender eso, entonces no importa lo que le ocurra, podrá capear la tormenta y hacer lo mejor que pueda en cada situación.

Contentamiento. En estos días este no es un concepto muy popular. Una razón es que nuestra cultura realmente desalienta la idea de estar contento. La gente está recibiendo un bombardeo continuo de mensajes que le dicen: «Lo que tienes no es suficiente. Necesitas más: Una casa más grande, un carro más moderno, un mejor salario, los dientes más blancos, un aliento más dulce, ropa más fina...» La lista es interminable. Pero la verdad es que tener un contentamiento saludable es esencial para poder confrontar el fracaso.

Hay una serie de conceptos falsos sobre el contentamiento. Vamos a ver lo que *no es*.

1. No contiene sus emociones

Todos experimentamos emociones negativas. ¿Cómo cree que Greg Horn se sintió al ver su tienda bajo dos metros de agua? Aunque nadie quiere que sus emociones le quiten la compostura, de todos modos hay que enfrentarlas. Negarlas no ayuda al contentamiento. Tarde o temprano sus emociones aflorarán, aunque trate de ignorarlas.

Si trata de suprimirlas como una estrategia para lograr contentamiento, puede terminar como aquel anciano que yace en la cama de un hospital, al borde de la muerte. Mientras permanece aletargado durante dos semanas, su fiel esposa está sentada al lado de su cama en todo momento. Cuando finalmente recupera la lucidez lo suficiente como para hablar, le susurra:

—Mi amor, tú has estado a mi lado durante todo este tiempo tan horrible. Cuando me incendié, tú estuviste allí para darme apoyo. Cuando perdimos la casa, tú nunca te alejaste de mi lado. Estuviste allí cuando perdí mi negocio y cuando mi salud empezó a quebrantarse.

—Sí, querido —le respondió ella, sonriendo.

—¿Sabes qué? —le dijo él.

—¿Qué, querido?

—¡Tú me traes mala suerte!

Tratar de anular sus emociones no lo llevará al contentamiento.

2. No mantiene su situación presente

Mi papá, que fue pastor por muchos años, acostumbraba contar la historia de un campesino en una de las iglesias que había pastoreado. Este hombre rehusaba mejorar como cristiano. Mi papá trataba de animarlo a través del halago, pero el hombre sencillamente no cambiaba. Siempre decía la misma cosa: «No estaré haciendo mucho progreso, pero estoy firme».

Un día en el que mi padre iba pasando por la finca de este creyente, vio que trataba de sacar el tractor que se le había atascado en el barro. Pese a todos los esfuerzos del hombre, el barro no cedía. Y el tractor no se movía ni un milímetro.

Después de hacer un último intento, que no resultó mejor que los anteriores, el hombre empezó a decir palabrotas contra la lluvia. Mi papá, entonces, bajó la ventanilla de su automóvil y le gritó: «Veo que no está haciendo mucho progreso, pero no hay duda que está bastante firme».

Estar contento no significa estar satisfecho con una situación mala. Sencillamente quiere decir que hay que tener una buena actitud mientras se trata de salir del problema. Cuando Greg Horn encontró su tienda inundada, no desmayó ni se dio por vencido. Hizo lo mejor que pudo y así convirtió su fracaso en victoria.

3. No logra posiciones, poder o posesiones

En nuestra cultura, demasiadas personas creen que el contentamiento viene por lograr posesiones materiales o posiciones de poder. Pero tales cosas no son la clave para el contentamiento. Si usted está tentado a creer que lo son, recuerde las palabras de John D. Rockefeller. Cuando un periodista le preguntó cuánta riqueza era suficiente, el millonario, que en ese tiempo era uno de los hombres más ricos de la tierra, le contestó. «Solo un poco más».

El contentamiento viene de tener una actitud positiva. Esto quiere decir

• esperar lo mejor en todo, no lo peor.

- mantener una actitud de triunfo, aun cuando se sienta abatido.

- buscar soluciones ante cada problema, no problemas en cada solución.

- creer en usted, aun cuando otros crean que ha fracasado.

- no perder la esperanza, aun cuando otros digan que es una situación perdida.

No importa lo que le ocurra, una actitud positiva procede de adentro de usted. Sus circunstancias y su contentamiento no están relacionados.

ACCIÓN POSITIVA: EL OTRO FACTOR CLAVE PARA LO QUE OCURRE EN USTED

Usted no podrá ganar la batalla interna contra el fracaso sin la actitud positiva que provee el contentamiento. Pero si piensa positivamente y no hace nada, no va a poder transformar sus fracasos en victorias. Debe agregar acción positiva a una actitud positiva.

Un problema es algo que puede resolverse. Un hecho de la vida es algo que debe aceptarse.

Algunas personas se hacen de problemas porque centran su atención en cosas que no pueden controlar. Fred Smith, experto en liderazgo, dice que la clave para una acción positiva es saber cuál es la diferencia entre un problema y un hecho de la vida. Un problema es algo que puede resolverse. Un hecho de la vida es algo que debe aceptarse. Por ejemplo, para Greg Horn, la inundación fue un hecho de la vida. Él no perdió su tiempo preguntándose qué habría pasado si su tienda hubiera estado ubicada en cualquier otra parte (ninguna otra tienda de comestibles resultó inundada). No tener seguro contra inundaciones fue un hecho. La realidad fue que durante varios días no pudo entrar a su tienda. Pero Greg se concentró en el problema que podía resolver, tal como la forma de conseguir dinero para hacer las reparaciones y comprar nueva mercadería, cómo limpiar la basura fuera del edificio y cómo reabrir el negocio lo más pronto posible. Puso su atención en lo que podía hacer, manteniéndose todo lo positivo que pudo y aplicando una acción positiva.

ES UN ESTADO MENTAL

El fracaso es algo interno. Igual ocurre con el éxito. Si usted quiere triunfar, primero tiene que ganar la guerra en su mente. No puede dejar que el fracaso externo se meta dentro de usted. Es cierto que no se puede controlar la longitud de la vida, pero sí se puede controlar su amplitud y profundidad. Usted no puede controlar el contorno de su rostro, pero puede controlar su expresión. Usted no puede controlar el tiempo, pero puede controlar la atmósfera de su mente. ¿Por qué preocuparse de cosas que no puede cambiar cuando puede mantenerse ocupado controlando las cosas que dependen de usted?

Leí un artículo que resalta la fuerza, el valor y la capacidad de ajustarse a las circunstancias de los noruegos. Algunos de los más duros exploradores en la historia han salido de Noruega (incluyendo a Roald Amundsen, de quien escribí algo en *Las 21 leyes irrefutables del liderazgo)*. No importa lo inclemente del tiempo o lo difícil de las circunstancias; ellos siempre parecen perseverar.

Esa habilidad ha llegado a ser parte de su cultura. Son una nación de extrovertidos entusiastas que viven en el borde del círculo ártico. Los noruegos tienen un dicho que creo que capta muy bien su actitud. Ellos dicen: «No hay tal cosa como mal tiempo; lo que hay es mal vestuario».[3]

UN HOMBRE QUE MANTIENE LOS FRACASOS AFUERA

Quizás esté diciendo: «Eso está bien para usted, John. Usted no ha vivido lo que me ha tocado vivir a mí. Incluso la historia de Greg Horn es un juego de niños si se compara con la mía. Él no perdió más que dinero».

Si usted aun cree que el fracaso es un asunto interno de la persona, entonces necesita oír la historia de alguien que mantuvo una actitud triunfadora mientras superaba las más difíciles circunstancias.

Su nombre es Roger Crawford, y mientras escribo esto, él debe tener unos cuarenta años de edad. Es consultor y conferenciante. Ha escrito dos libros y ha viajado a través de los Estados Unidos trabajando con compañías, asociaciones nacionales y estatales de *Fortune* 500 y con distritos escolares.

Estas no son malas credenciales. Pero si no le impresionan mucho, ¿qué me dice de esto? Antes de dedicarse a consultor era jugador de tenis de la Universidad Marymount Loyola y posteriormente llegó a ser jugador de tenis profesional certificado por la Asociación de Tenis Profesional de los Estados Unidos. ¿Sigue sin impresionarse? ¿Cambiaría de opinión si le dijera que Roger no tiene manos y solo un pie?

NADA DE DESVENTAJAS

Roger Crawford nació con el mal llamado *ectrodactilismo*. Cuando salió del vientre de su madre, los doctores vieron que tenía una carnosidad como un dedo gordo que salía de su antebrazo derecho. No tenía palmas. Sus piernas y brazos eran de reducido tamaño, y su pierna izquierda tenía una especie de muñón a modo de pie con solo tres dedos. (El pie se lo amputaron cuando tenía cinco años.) Varios profesionales médicos dijeron a los padres de Roger que nunca podría caminar, que probablemente nunca podría atenderse solo y que nunca podría vivir una vida normal.

Después de recuperarse del golpe, los padres de Roger se propusieron darle la mejor posibilidad de vivir una vida normal. Lo criaron para que se sintiera amado, para que fuera fuerte y para que desarrollara independencia. «Tú eres minusválido en la medida que quieras serlo», acostumbraba a decirle su padre.

Cuando tuvo edad suficiente, lo enviaron a una escuela pública común y corriente. Lo involucraron en los deportes. Lo alentaron para que hiciera todo lo que deseara su corazón. Y le enseñaron a pensar positivamente.

«Algo que mis padres nunca hicieron fue permitirme sentir pena de mí mismo, o que me aprovechara de la gente debido a mi incapacidad física», dice Roger.[4]

SI ÉL LO PUEDE HACER...

Roger agradeció el aliento y entrenamiento que recibió de sus padres, pero no creo que realmente entendió la importancia o el alcance de sus logros sino hasta que fue a la universidad y entró en contacto con alguien que quería conocerle. Había recibido una llamada telefónica de alguien que había leído de sus triunfos en el tenis y Roger accedió a reunirse con esa persona en un restaurante del sector. Cuando se puso de pie para darle la mano al hombre que había querido conocerlo, se dio cuenta que este tenía las manos casi idénticas a las suyas. Roger se conmovió al pensar que había encontrado a alguien similar a él pero de más edad que quizás podría servirle de mentor. Pero después de hablar con el extraño durante unos minutos, se dio cuenta que había pensado mal. Roger lo explica así:

En lugar de eso, me encontré con alguien amargado, con una actitud pesimista que culpaba a todo el mundo por sus decepciones en la vida y fracasos en su anatomía.

Pronto me di cuenta que nuestras vidas y actitudes no podían ser más diferentes... Nunca había durado en un trabajo por mucho tiempo y estaba seguro que se debía a «discriminación», lo cual era negado por su propia confesión en el sentido de que siempre llegaba tarde, faltaba con mucha frecuencia y no se responsabilizaba por su trabajo. Su actitud era: «El mundo me odia» y su problema era que el mundo disentía. Se enojaba constantemente conmigo porque no compartía su desesperación.

Nos mantuvimos en contacto por varios años, hasta que me convencí que aunque ocurriera un milagro con el resultado que le diera un cuerpo perfecto, su infelicidad y falta de éxito nunca cambiarían. Seguiría en el mismo lugar en su vida.[5]

Aquel hombre había dejado que el fracaso lo controlara desde su interior, mientras que Roger había llegado a dominar el arte de transformar los fracasos en triunfos.

TÚ TAMBIÉN PUEDES

Hay ocasiones en que las adversidades en nuestra vida han distado mucho de ser como las de Roger Crawford. Por esa razón es que su historia es inspiradora. Roger afirma: «Los impedimentos nos pueden limitar si solo se lo permitimos. Esto es así no solamente en cuanto al aspecto físico, sino también a los emocionales e intelectuales ... Yo creo que las limitaciones reales y permanentes se originan en nuestras mentes, no en nuestros cuerpos».[6] En otras palabras. No importa lo que pase, el fracaso es un asunto interno.

> *Los impedimentos nos pueden limitar si se lo permitimos. Esto es así no solamente en cuanto al aspecto físico, sino también a los emocionales e intelectuales ... Yo creo que las limitaciones reales y permanentes se originan en nuestras mentes, no en nuestros cuerpos.*
>
> —*ROGER CRAWFORD*

Su sexto paso hacia el lado positivo del fracaso:

No deje que el fracaso externo se meta dentro de usted

¿Qué cosa que le haya ocurrido la considera usted como la mayor fuente de frustración y fracaso? Piense en ese factor y luego haga una lista de las angustias, dolores, obstáculos y problemas relacionados con eso. Escríbalos a continuación:

Dificultades	Hecho / acción que necesitó ejecutar
1. Matrimonio	Desarrollar el papel de esposa. lo
2. Buscar de Dios	Estrechar mas mis pensamiento
3.	en dios.
4.	
5.	
6.	
7.	
8.	
9.	
10.	
11.	
12.	

Analice ahora punto por punto lo que escribió, y piense si cada uno es un hecho de la vida (lo cual necesita aceptar y luego seguir adelante) o algo que requiere una acción positiva. Cuando se trate de un incidente en la vida, escriba «incidente» al lado, y decida ser positivo a pesar de la adversidad, como lo fue Roger Crawford. Por cada asunto que necesite acción, escriba en el espacio al lado derecho lo que va a hacer para crear un cambio positivo en su vida. Luego, tome la firme decisión de hacerlo.

Pasos hacia el lado positivo del fracaso:

1. Reconozca que hay una gran diferencia entre las personas mediocres y las que triunfan.

2. Aprenda una nueva definición de *fracaso*.

3. Elimine el «yo» de sus fracasos.

4. Entre en acción y reduzca su miedo.

5. Cambie su reacción ante el fracaso aceptando su responsabilidad.

6. No deje que el fracaso externo se meta dentro de usted.

7

¿Es usted rehén de su pasado?

Una de las razones que Dios tuvo al crear el tiempo fue para que hubiera un lugar donde enterrar los fracasos del pasado.
—JAMES LONG

Cuando logro tener un poco de tiempo libre, me gusta jugar golf. Como golfista, podría decir que soy regular. Pero ahora soy mucho mejor de lo que fui. En 1969, cuando comencé a jugar, era terrible. Agarraba los palos como si fueran un bate de béisbol, y golpeaba la bola con tanta fuerza, que la pobre muchas veces quedaba perdida entre los árboles.

Tenía veintidós años cuando empecé a jugar. Las cosas habrían sido diferentes si hubiese empezado a los cinco, como lo hicieron muchos de los jugadores de hoy. ¡Quién sabe! Pero a pesar de todo, me siento contento de haber empezado a jugar golf, y le puedo decir que fue Arnold Palmer quien despertó mi interés por este deporte.

ANTES QUE TIGER WOODS

Arnold Palmer es uno de los grandes deportistas del siglo veinte, y fue quien puso el golf profesional en el mapa. Rick Reilly, en *Sport Illustrated* escribió: «Básicamente, él hizo de un juego que era un poco infantil, un poco sin gran estilo, un poco remilgado, con los miembros de la Liga Ivy tratando de no ensuciar sus chalecos en algo que los hacía sudar a raudales dentro de ellos». O, como dice Vin Scully: «Un deporte que era de la alta sociedad, lo transformó en un deporte del alto mediodía». Por eso fue que Rocco Mediate le dijo a Palmer durante el último torneo de los Estados Unidos: «Tú hiciste posible todo esto». De Palmer, Tiger Woods simplemente dijo: «Él era como a mí me habría gustado ser».

Mucha gente de mi generación (nací en 1947) llegó a ser golfista gracias a Arnold Palmer. Ahora con Tiger Woods la popularidad de este deporte ha aumentado.

Palmer fue un golfista profesional consumado. Como Woods, comenzó a jugar siendo un niño. A medida que iba creciendo, jugaba golf como si se tratara de un trabajo que tenía que hacer. (Su padre fue golfista profesional y superintendente de campo.)

Ha estado activo en este deporte durante más de cuarenta años y ha ganado noventa y dos campeonatos, sesenta y uno de ellos dentro de la Asociación de Golfistas Profesionales de los Estados Unidos (U.S. PGA Tour). Entre 1960 y 1963 fue el más grande golfista del mundo, obteniendo veintinueve victorias dentro de la PGA. Esa hazaña hizo que la revista *Sports Illustrated* lo nombrara en 1960 Deportista del Año y una encuesta de Prensa Asociada lo designara el Atleta de la Década. Alguien escribió de Palmer diciendo que combinaba «la firmeza de un camión blindado de la Brink con la confianza temeraria de un trapecista. Él no va al campo de golf a jugar; lo toma por asalto».[1] El legendario golfista Bobby Jones dijo en una ocasión: «Si alguna vez hubiese tenido que hacer un tiro de ocho pies y todo lo que poseía hubiese dependido de ese tiro, le habría pedido a Arnold Palmer que lo hiciera por mí».

La modestia de Palmer, su chispeante personalidad, su llamativo aspecto y su increíble habilidad para jugar golf atrajeron a multitudes de espectadores que lo seguían de hoyo en hoyo, como ocurre hoy día con los admiradores de Tiger Woods. A los seguidores de Palmer se les conocía como «el ejército de Arnie» y parecían seguirlo a donde fuera con tal de ver jugar al hombre al que llamaban «el rey». Sin duda que era impresionante verlo jugar.

HASTA EL MEJOR TROPIEZA

Cualquier golfista puede tener su mal día, aun un miembro del Salón de la Fama como Arnold Palmer. La clave para superar el mal día es olvidarlo. Esto puede no ser fácil de hacer, especialmente cuando no falta quien erija un monumento a la mala jugada. Fue lo que le ocurrió a Arnold Palmer.

Los hechos tuvieron lugar en el torneo de Los Ángeles, en 1961, cuando Palmer estaba en la cúspide de su carrera. En el hoyo quinto, su último del día, hizo un buen primer tiro y con el segundo trató de poner la bola en el área verde, cerca del hoyo. Estaba en posición de lograrlo con menos tiros que los requeridos, lo que de hacerlo lo habría puesto muy cerca de los líderes.

Escogió el palo con el cual hacer el tiro. En lugar de uno de metal, se decidió por el de madera número tres. Hizo lo que esperaba que fuera un buen tiro, pero cuando la bola salió disparada, se desvió hacia la derecha, dio en un poste y saltó fuera del área de juego. En lugar de seguir con esa misma bola, Palmer siguió con otra bola, lo que automáticamente lo penalizó con un tiro. Trató de nuevo y esta vez la bola se fue hacia la izquierda saliéndose también del área de juego. De nuevo Palmer puso otra bola, lo que le significó una nueva penalización de un tiro. Repitió esta maniobra golpeando la bola varias veces. Finalmente logró ponerla en el área verde cerca del hoyo. Para entonces, había acumulado *diez* tiros sobre un máximo de cinco. Necesitó dos golpes más hasta poner la bola en el hoyo, lo que lo hizo terminar con doce golpes. Debido a eso, su puntaje fue tan pobre que quedó fuera de la competencia.

¿UN MONUMENTO AL FRACASO?

Hoy día, unos cuarenta años después, si usted va al quinto hoyo en el «Rancho Park Golf Course» en Los Ángeles, va a ver una placa de bronce que dice: «El viernes 6 de enero de 1961, el primer día del 35º torneo de Los Ángeles, Arnold Palmer, elegido el Golfista del Año y Atleta Profesional del Año, necesitó doce golpes para poner la bola en este hoyo».

A finales de los 90, tuve la oportunidad de ver a Arnold Palmer jugando golf. Fue en el Club Bay Hill de Orlando. Me encontraba jugando con mi hermano Larry y allí, un poco detrás de nosotros, estaba el mismísimo «rey». Cuando estábamos aproximándonos al final del día, hice un tiro desde el segundo al último hoyo, pero golpeé la bola realmente mal al punto que voló hacia la calle adyacente directamente hacia otro golfista. Para mi horror, cuando grité: «¡Cuidado!», me di cuenta que la persona que iba a recibir el golpe era nada menos que Arnold Palmer. Afortunadamente se alcanzó a agachar.

Unos seis meses después, recibí esta carta:

Arnold Palmer
BAY HILL CLUB

12 de febrero de 1997

Dr. John Maxwell
INJOY
El Cajón, California

Querido John:

A nombre propio y de todo el personal del Bay Hill Country Club, le deseamos un feliz cincuenta cumpleaños. Como fundador del club, le extiendo una invitación personal para que tome parte en nuestra competencia de aficionados adultos. Será para nosotros un privilegio tenerle aquí para tal ocasión.

John, como una nota personal, cuando estuvo a punto de decapitarme en el hoyo diecisiete en noviembre pasado, hice una nota mental: «Ese tiro es seguramente de alguien que califica para el circuito de adultos mayores». No tenía idea que estaba en lo cierto hasta que vi la lista de cumpleaños de los miembros del club. Ese tiro lo califica, junto con su cumpleaños número cincuenta, para ser un miembro selecto de nuestro club de adultos mayores. Cuando llegue aquí, pida el descuento a que tiene derecho. Estoy seguro que no va tener que presentar identificación. El personal se enorgullece de reconocer las habilidades de los adultos mayores por el color de su pelo, el perfil de su rostro y otros atributos. Si todo eso falla, no tiene más que mostrarles su tiro. ¡Será suficiente!

¡Feliz cumpleaños, John Maxwell!

Siga practicando ese tiro,

Arnold Palmer

Los buenos golfistas nunca se detienen en sus malas actuaciones, no si quieren seguir siendo buenos. Y siempre ha sido así en el caso de Arnold Palmer. En cierta ocasión que le pregunté sobre su actuación en el hoyo nueve durante el torneo, me dijo: «Esa placa estará allí mucho tiempo después que yo me haya ido, pero cosas como esas hay que dejarlas atrás. Eso es lo maravilloso del golf. Tu próximo tiro puede ser tan bueno o tan malo como el último, pero siempre habrá una nueva oportunidad».[2] dwell

CÓMO EL PASADO AFECTA EL PRESENTE

La misma cualidad que hace efectivo a un golfista profesional capacita a cualquiera persona para vencer los reveses y llegar a ser un triunfador decidido: La capacidad de dejar el pasado atrás y seguir adelante. Tal cualidad capacita a una persona a enfrentar los desafíos con entusiasmo y un mínimo de carga personal onerosa.

> *En más de treinta años de trabajo con las personas, todavía no me he encontrado a un triunfador que siga obsesionado con las dificultades del pasado.*

Por otro lado, la persona que es incapaz de superar daños y reveses anteriores es como si fuera un rehén de su pasado. La carga que esta persona lleva le hace muy difícil avanzar. Realmente, en más de treinta años de trabajo con las personas, todavía no he encontrado a un triunfador que siga obsesionado con las dificultades del pasado.

Hace algunos años, oí a mi amigo Chuck Swindoll contar la historia de Chippie, el periquito. Según la historia, los problemas para el periquito comenzaron cuando su dueña decidió limpiar las semillas y las plumas que habían caído al piso de su jaula, usando para ello una aspiradora. Sonó el teléfono, la señora fue a atenderlo y, tal como se imaginaron, dejó la aspiradora funcionando. Chippie fue succionado y desapareció dentro de la bolsa.

Rápidamente, la señora abrió la bolsa. Allí estaba Chippie. Medio aturdido pero seguía respirando.

Viendo que estaba cubierto de polvo, rápidamente la señora lo llevó al baño, abrió completamente la llave del agua fría y puso al pobre perico bajo una ducha que parecía hielo.

Al darse cuenta de su error, la señora corrió en busca de su secadora y empezó a echarle aire caliente. A esas alturas, el pobre perico ya no sabía ni como se llamaba. Chuck finaliza la historia diciendo que «a partir de entonces, Chippie nunca volvió a cantar como antes...»

La gente que es incapaz de vencer el pasado es un poco como el pequeño Chippie. Dejan que sus experiencias negativas determinen cómo van a vivir el presente.

Tal vez le parezca que estoy minimizando lo que le ha ocurrido a usted en el pasado. Pero no es así. Sé que en este mundo imperfecto la gente sufre verdaderas tragedias. Pierden a sus hijos, a sus esposos o esposas, a sus padres, a sus amigos y en algunas ocasiones bajo circunstancias horribles. (Mi papá perdió a su madre cuando aun no cumplía los ocho años de edad.) La gente se enferma de cáncer, esclerosis múltiple, SIDA y otras enfermedades debilitantes. Sufren abusos indescriptibles a manos de otros. Todas estas cosas son ciertas. Pero las tragedias no deben impedirle a nadie que tenga una visión positiva, que sea productivo y viva la vida plenamente. Un hombre nace con severos impedimentos físicos y decide que el mundo lo discrimina, mientras que otro (como Roger Crawford), con impedimentos parecidos, llega a ser un tenista profesional. Una persona que contrae SIDA se deja vencer amargamente por la vida, mientras que otro (como el jugador de básquet, Magic Johnson) levanta su negocio y disfruta de la vida con su familia. Una mujer es violada y se declara derrotada, mientras que otra (como Kelly McGillis) supera la experiencia y llega a ser una exitosa actriz en Hollywood. No importa cuán oscuro sea el pasado de una persona, no tiene porqué ensombrecer su presente en forma permanente.

SEÑALES DE CRISIS PASADAS

En mi experiencia, los problemas del pasado de las personas los impactan en una de dos formas: O los hunden en una crisis o los empujan hacia adelante. Las siguientes cinco características son señales que la gente no debe olvidar sobre las dificultades pasadas:

1. Comparaciones

> *Los problemas del pasado de las personas los impactan en una de dos formas: O los hunden en una crisis o los empujan hacia adelante.*

Si usted oye continuamente hablar a la gente sobre cuán mal les ha ido en comparación con otros, es muy probable que tales personas estén permitiendo que su pasado los mantenga cautivos. Su motivación es similar a algo que en cierta ocasión dijo Quentin Crisp: «Nunca te mantengas al nivel de los Jones. Hálalos al tuyo. Es más barato».

2. Racionalizar

Otra de las características de la gente atrapada por su pasado es la racionalización, o sea, creer que hay buenas razones para no dejar atrás las dificultades pasadas. La racionalización crea una niebla que le impide a la gente encontrar las soluciones a sus problemas. Las excusas, no importa cuán fuertes sean, nunca conducen a la realización.

3. Aislamiento

Como ya lo he mencionado, algunas personas se aíslan debido a sus heridas del pasado. Para muchos es como un reflejo natural que los hace sentirse autoprotegidos. Cuando la gente naturalmente extrovertida se aísla debido a su pasado, su situación empeora de manera ostensible.

El escritor C.S. Lewis dijo: «Nacemos indefensos. Tan pronto como estamos plenamente conscientes, descubrimos la soledad. Necesitamos a los demás física, emocional e intelectualmente; los necesitamos si es que vamos a conocer algo, aunque sea a nosotros mismos».

4. Remordimiento

Un obstáculo importante para vivir el presente es el remordimiento. Drena la energía de las personas y les deja pocos recursos para hacer algo positivo.

Mi amigo Dwight Bain me mandó por el correo electrónico algo llamado «La ciudad Remordimiento». Dice así:

No había planeado viajar este año, pero sin darme cuenta me encontré preparando el equipaje. Y una vez que salí, me llené de temor. Fue otro viaje de culpa.

Reservé mi tique en la línea aérea *El deseo que tuve*. No necesité chequear mi equipaje porque en esa aerolínea todo el mundo lo carga teniendo que llevarlo por lo que parecen ser largas millas en el aeropuerto de la ciudad Remordimiento. Había allí gente de todo el mundo, encorvados bajo el peso del equipaje que ellos mismos habían empacado.

Tomé un taxi para que me llevara al Hotel Último Recurso. Durante todo el trayecto, el chofer no dejó de mirar por sobre su hombro. Al llegar, busqué el salón donde tendría lugar mi reunión, el Encuentro Anual de Compasión. Al registrarme, vi que todos mis antiguos colegas estaban en la lista:

Toda la familia Hacer: Haría, Hice e Hiciese
Las dos Oportunidades: la Malgastada y la Perdida
Todos los Ayer: Había demasiados como para enumerarlos

uno a uno, pero todos tenían historias tristes para contar. Sueños Rotos y Promesas Incumplidas también estaban allí junto con sus amigos No me eches la culpa a mí y No pude hacer nada.

Y, por supuesto, el renombrado cuenta-historias *Es su culpa* estaba allí para ofrecer horas y horas de entretenimiento.

Mientras me preparaba para pasar una larga noche, me di cuenta que una persona tenía el poder de enviar a toda esa gente a casa y terminar con la fiesta. Y esa persona era yo. ¡Todo lo que tenía que hacer era volver al presente y dar la bienvenida al nuevo día!

Si se ha encontrado embarcándose en un vuelo a la ciudad Remordimiento, reconozca que es un viaje que usted mismo planea y que puede cancelar en cualquier momento, sin multa ni penalidad. Pero la única persona que puede hacerlo es usted.

5. *Amargura*

Las personas que no logran superar los problemas o el dolor del pasado terminan por ser amargadas. Es la consecuencia inevitable de no procesar viejas heridas y tragedias.

Wes Roberts, presidente de Life Enrichment, afirma: «Nadie puede mantenerse siendo víctima de su pasado». Pero cuando alguien lo hace, tal persona llega a ser un prisionero de sus propias emociones. «A menudo como adultos, estos prisioneros tienen adicciones: son viciosos del trabajo, de la bebida, del sexo, de la comida. Somos nosotros mismos los que nos metemos en la prisión». En otras palabras, permitimos que el pasado nos mantenga cautivos.

No importa lo que usted haya experimentado, recuerde esto: Hay personas a las que les ha ido mejor que a usted y están peores. Y hay personas a las que les ha ido peor que a usted y están mejores. En realidad, las circunstancias no tienen nada que ver con su historia personal. Las heridas pasadas pueden hacer de usted alguien amargado o alguien mejor. Depende de usted.

AVANCE: LA ALTERNATIVA PARA EL FRACASO

Cada dificultad mayor que usted enfrente en la vida es una bifurcación en el camino. Usted decide qué dirección tomar, si avanzar o declararse derrotado.

Dick Biggs, un consultor que ayuda a las compañías de *Fortune 500* a mejorar sus ganancias y a aumentar la productividad, escribe que todos nosotros tenemos experiencias injustas; como resultado, algunas personas sencillamente existen y adoptan una mentalidad de «cesa y desiste». Y sigue diciendo:

Quizás los mejores maestros de la persistencia sean los puntos críticos en su vida. Espere experimentar de tres a nueve puntos críticos o «cambios significativos». Estas transiciones pueden ser experiencias felices ... o tiempos de infelicidad tales como la pérdida del trabajo, divorcio, crisis financiera, problemas de salud y la muerte de un ser querido. Los puntos críticos pueden proveer perspectiva, que es la capacidad de ver los cambios mayores dentro del marco de una vida entera y deja que actúe el poder sanador del tiempo. Al aprender de los puntos críticos es posible crecer a un nivel más profundo dentro de la carrera profesional y de la vida.[3]

> *Cada dificultad mayor que usted enfrenta en la vida es una bifurcación en el camino. Usted decide qué dirección tomar, si avanzar o declararse derrotado.*

Si usted ha sido dañado seriamente, empiece por reconocer el dolor y lamente cualquiera pérdida que haya experimentado. Luego, perdone a las personas involucradas, incluyéndose usted mismo si es necesario. Esto le ayudará a seguir adelante. (Si no puede llevar a cabo esto por usted mismo, busque la ayuda de un profesional.)

Entiendo que pasar por este proceso pudiera ser muy difícil, pero usted puede hacerlo. Solo piense, *hoy* puede ser su día para salir de los sufrimientos de su pasado en un avance hacia el futuro. No permita que nada de su historia personal lo mantenga prisionero.

UN SUEÑO QUE INDICABA HACIA EL ESTE

Una persona que siempre viajaba liviana (sin demasiado equipaje personal) era la hermana Frances Cabrini. En marzo de 1889, cuando la monja de treinta y ocho años de edad abandonó el barco en la isla Ellis, estaba pensando en la tarea que la esperaba: ayudar a establecer un orfanato, una escuela y un convento en la ciudad de Nueva York. No estaba preocupada con ninguno de los problemas de su pasado, aunque había tenido muchos.

Francesca Lodi-Cabrini nació a los siete meses de gestación en la ciudad lombarda de San Ángelo, Italia, donde pasó su enfermiza niñez. A los seis años, tomó la decisión de ser misionera en China. Pero la gente se rió de su sueño.

«Una orden misionera jamás aceptará a una niña que se lo pasa enferma la mayor parte del tiempo», le dijo, mofándose, su hermana Rosa.

A los doce años, hizo votos de castidad y cuando alcanzó la edad mínima de dieciocho, presentó una solicitud de incorporación al convento de las Hermanas del Sagrado Corazón. Pero fue rechazada debido a su mala salud.

Pero el rechazo no haría que la Cabrini se diera por derrotada en su sueño de ministrar en Asia. Empezó a hacer cuanto podía en su propia villa para desarrollar fuerzas y probar que valía. Enseñó a los niños del barrio. Se preocupó de cuidar a los ancianos. Y cuando se presentó una epidemia de viruela, atendió a las familias y amigos hasta que cayó enferma. Después que se recuperó, volvió a presentar solicitud al convento. De nuevo la rechazaron.

UN PASO ADELANTE

Después de seis años, la Cabrini finalmente logró que la aceptaran en la orden. Pensó que eso la pondría un poco más cerca de hacer realidad su sueño de servir en China. Pero todavía tenía que experimentar muchos reveses adicionales. Sus dos padres murieron al año siguiente. Luego fue asignada a enseñar en la escuela local en lugar de allende el mar. Cuando presentó su solicitud para incorporarse a otra organización dedicada a servir en China, la rechazaron. Pronto la asignaron a supervisar un pequeño orfanato en Codogno, un pueblo a no más de setenta kilómetros de su casa. Pasó allí seis frustrantes años antes que el orfanato fuera cerrado.

Cuando todavía soñaba con ir a Asia, una monja superior le dijo que si quería ser parte de una orden misionera, tendría que empezar una ella misma. Eso fue lo que hizo. Con la ayuda de una media docena de niñas del orfanato, fundó en 1880 las Hermanas Misioneras del Sagrado Corazón. Durante los próximos ocho años estableció la orden en Milán, Roma y otras ciudades de Italia.

Trató de ir a Asia, pero el Papa León XIII puso fin a su sueño de ministrar en China. Le dijo: «No al Este, sino al Oeste. Usted va a encontrar un vasto campo de trabajo en los Estados Unidos». En Nueva York ayudó a poner en funcionamiento un orfanato, una escuela y un convento.

VIAJE AL OESTE

Así fue como la hermana Frances Cabrini llegó a la isla Ellis en marzo de 1889. Su largo sueño de servir en Asia yacía en ruinas tras ella, en Italia, el único hogar que ella conoció. Pero no miró atrás. No permitiría que el pasado la mantuviera cautiva.

Por los siguientes veintiocho años se dedicó a la tarea de ministrar a la gente en América. Y para hacerlo, venció una multitud de obstáculos. Cuando llegó a Nueva York, le dijeron que los planes para el orfanato, la escuela y el convento habían fracasado y que lo mejor era que volviera a Italia. En lugar de hacerlo, solucionó los problemas que se estaban presentando y estableció lo que había planeado.

Sin importarle las dificultades que tuvo que enfrentar, continuó venciéndolos. Cuando murió en 1917 a los sesenta y siete años, había fundado más de setenta hospitales, escuelas y orfanatos en los Estados Unidos, España, Francia, Inglaterra y América del Sur.

El impacto de la Cabrini fue increíble. Fue la Madre Teresa de su día con igual compasión, valor, tenacidad y liderazgo. Pero nunca habría hecho la diferencia que hizo si hubiera dejado que su pasado la mantuviera cautiva. En lugar de lamentarse por haber perdido su sueño y por los sufrimientos de su juventud, fue hacia adelante e hizo lo que pudo donde Dios quiso ponerla. Mi esperanza es que usted pueda hacer lo mismo.

Su séptimo paso hacia el lado positivo del fracaso:

Dígale adiós al ayer

Para triunfar hoy, usted debe decirle adiós a los sufrimientos, a las tragedias y al bagaje de ayer. No puede construir un monumento de los problemas pasados y tener la victoria.

Tome ahora tiempo para hacer una lista de las cosas negativas de su pasado que pudieran estar reteniéndolo como rehén:

Para cada cosa que escriba, vaya a través del siguiente proceso:
1. Reconozca el dolor.
2. Lamente lo perdido.
3. Perdone a la persona.
4. Perdónese usted.

5. Libérese y siga adelante.

Si está pasando por un tiempo difícil debido a que guarda rencores, hable con Dios del asunto y pídale a Él que lo ayude a superar esta etapa. No importa cuán difícil pueda ser, siga avanzando. Usted no podrá ser lo mejor que pueda hoy si no le dice adiós al ayer.

Pasos para encontrar el lado positivo del fracaso:

1. Reconozca que hay una gran diferencia entre las personas mediocres y las que triunfan.

2. Aprenda una nueva definición de *fracaso*.

3. Elimine el «yo» de sus fracasos.

4. Entre en acción y reduzca su miedo.

5. Cambie su reacción ante el fracaso aceptando su responsabilidad.

6. No deje que el fracaso externo se meta dentro de usted.

7. Dígale adiós al ayer.

8

¿Quién es el que comete tales errores?

El fracaso es la más grande oportunidad que tengo de saber realmente quién soy.
—JOHN KILLINGER

A veces los grandes logros vienen *únicamente* como resultado de un periodo de fracasos que nos ayudan a entender quienes somos realmente. Tal fue el caso de John James Audubon, el hombre que dio su nombre a la Sociedad Nacional Audubon. Su vida iba de un extremo a otro: problemas y progresos, fracasos y triunfos. He aquí su historia:

LOS COMIENZOS DE AUDUBON

Hijo de un capitán de barco francés, Audubon nació en Haití en 1785, pero pasó sus años formativos en Francia. Recibió una educación fina, pero como estudiante podría decirse, en el mejor de los casos, que fue un estudiante indiferente. Debido a su falta de disciplina, a los catorce años fue enviado a una escuela militar, lo que tampoco le hizo muy bien. Su verdadera pasión era cazar y dibujar pájaros.

A los dieciocho, lo mandaron a Estados Unidos. A su padre le pareció que su oportunidad estaba en el Nuevo Mundo. Audubon llegó a Pennsylvania y se instaló en una casa que su padre tenía allí. En su nuevo hábitat se transformó en leñador, y siguió cazando y dibujando la vida salvaje. No pasó mucho tiempo antes que conociera y se hiciera amigo de una familia de apellido Bakewell que vivía en la región. Estos hicieron un gran impacto en su vida. Primero, se enamoró de una de las hijas de la familia, Lucy; y segundo, en 1807 empezó a trabajar en el despacho de la compañía de importaciones de Benjamín Bakewell. Ese fue el comienzo de lo que llegaría a ser una desastrosa experiencia en los negocios.

UNA CARRERA DE COMERCIANTE

La primera aventura de Audubon, que tuvo que ver con el añil, fue indicativa de su «talento» como comerciante: Perdió una pequeña fortuna. Durante un tiempo trabajó en el negocio de las importaciones, pero al ver que no tenía éxito, decidió entrar en el comercio detallista. Usando las conexiones de su padre, entró en contacto con Ferdinand Rozier, un joven comerciante francés. Después de establecida la relación los dos hombres se dirigieron al oeste, a Louisville, Kentucky, a orillas del río Ohio.

Se asociaron, pero los resultados fueron precarios. Rozier tenía tenacidad para los negocios, pero Audubon poseía las cualidades que caracterizaron toda su vida: habilidad de cazador, curiosidad sin disciplina, energía inagotable y un tremendo talento artístico. Mientras Rozier atendía el negocio, Audubon vagabundeaba por el campo cazando y trayendo pájaros que le sirvieran para dibujar o para servir a la mesa.

Durante ese tiempo, la actividad favorita de Audubon en los negocios fueron sus viajes a Philadelphia y New York para comprar mercadería para abastecer la tienda. Esos viajes le daban la oportunidad de estar en contacto con la vida silvestre. En uno de tales viajes, regresó a Pennsylvania, se casó con Lucy Bakewell y se la llevó a Louisville.

La sociedad todavía duró un poco más de tiempo. Cuando empezaron los problemas financieros, Audubon vendió la parte que le correspondía a Lucy de la herencia de su padre y con ese dinero pagó a los acreedores.

EN BUSCA DE NUEVAS ALTERNATIVAS

Los socios entonces decidieron que quizás mudarse les ayudaría, de modo que se trasladaron aguas abajo, a Henderson, Kentucky. Allí aguantaron seis meses y luego se mudaron de nuevo, esta vez junto al río Mississippi. Después de muchas dificultades, se instalaron en Ste. Genevieve, Missouri, una localidad de los canadienses franceses.

Como antes, Audubon no se sentía atraído por los negocios así es que pasaba la mayor parte del tiempo cazando, dibujando y pintando aves. Después de un poco de tiempo, vendió su parte en el negocio y así fue como los socios se separaron. Rozier siguió con la tienda y alcanzó un éxito financiero notable. Audubon, por su parte, empezó a buscar una nueva oportunidad. John Chancellor, el biógrafo de Audubon dice: «Audubon pensaba seguir en los negocios mientras que disparar, montar y dibujar pájaros lo mantendría como un hobby».

MÁS FRACASOS

Durante los siguientes diez años, se embarcó en una serie de aventuras infructuosas. En 1811 decidió volver al negocio de importaciones. Él y su cuñado, Thomas Woodhouse Bakewell, establecieron en New Orleans una casa a consignación para importaciones desde Inglaterra. Desafortunadamente, iniciaron sus actividades la víspera de la guerra de 1812. Por supuesto, el negocio fracasó.

Audubon y su cuñado, volvieron entonces a las ventas al detalle, de nuevo en Henderson, Kentucky. Allí tuvieron algún éxito, pero cuando todo parecía ir bien, volvieron a tomar una decisión equivocada. Montaron un aserradero en una zona que no podía absorber una operación tan grande. En 1819 quebraron.

A través de todos esos años, dos cosas se mantienen constantes en la vida de Audubon: la caza y el arte. Ahora, tenía que depender de esas dos cosas para sobrevivir. Su arma trajo alimento a la mesa para su pequeña familia (él, Lucy y por ese entonces dos jóvenes varones), y pintando a comisión, trajo el dinero. Por necesidad más que por planeamiento, su entretenimiento llegó a transformarse en su medio de subsistencia.

POR FIN, EL CAMBIO CORRECTO

En 1820 Audubon tuvo lo que él llamó, su «gran idea». Decidió crear una amplia y completa colección impresa de todas las aves de los Estados Unidos basada en sus pinturas. Serían de tamaño natural y se las mostraría en su hábitat natural. Durante los siguientes años, viajó y agregó más aves pintadas a su archivo mientras Lucy trabajaba como tutora e institutriz en Louisiana.

En 1826 ya tenía material suficiente. Se embarcó para Liverpool, Inglaterra, alcanzando de inmediato un éxito notable. En una carta que le escribió a su esposa Lucy, le decía: «En todas partes soy bien recibido, mis obras son alabadas y admiradas y por fin mi pobre corazón está aliviado después de tantos años de gran ansiedad. Ahora sé que no tendré que volver a trabajar en vano».

Audubon se asoció con el grabador Robert Havell y juntos empezaron a imprimir la notable serie de cien láminas a color en un formato de veintinueve por treinta y nueve pulgadas, *Birds of America* [Aves de América]. De ese esfuerzo, Audubon escribió: «¿Quién podría creer que una persona sola, que llegó a Inglaterra sin un amigo y con tan escasos recursos que apenas le permitían viajar por el país habría de atreverse a lanzarse en una publicación como esta?»

Finalmente, la publicación de su libro le dio seguridad financiera y, de paso, lo hizo famoso en toda Inglaterra y los Estados Unidos. Nunca nadie más ha creado lo que él creó, ni otro libro como el suyo ha sido admirado tanto. En total, imprimieron unos doscientos ejemplares de aquella primera edición. Hoy los libros son considerados una obra maestra. Un original de *Aves de América* que en 1820 se vendía en $1.000 ahora cuesta unos $5 millones.

EL PROBLEMA ERA ÉL

Durante la mayor parte de su vida, John James Audubon fue un fracaso. Se necesitaron treinta y cinco años para que se diera cuenta que el problema era él. Como comerciante fue una calamidad porque ese no era su mundo. No le ayudó en nada las veces que cambió de ubicación, de socios o tipo de negocio. No fue sino hasta que entendió el problema y cambió él mismo que tuvo una oportunidad de triunfar. Durante años, este dicho se aplicó perfectamente a él: Si tuvieras que golpearle el trasero al culpable de la mayor parte de tus fracasos, no podrías sentarte durante semanas.

En cierta ocasión le preguntaron al evangelista D.L. Moody qué persona le había dado más problemas. Su respuesta fue: «Más que cualquier otro ser vivo, ha sido D. L. Moody». El animador de televisión Jack Paar coincide cuando dice: «Mirando atrás, mi vida parece una larguísima carrera con obstáculos, conmigo como el peor obstáculo». Si usted está experimentando continuamente problemas o enfrentando obstáculos, debería asegurarse que el problema no sea *usted*.

¿POR QUÉ LA GENTE NO QUIERE CAMBIAR?

A la gente no le gusta admitir que necesita cambiar. Y si están dispuestos a alterar algunas cosas de ellos, por lo general se centran en asuntos cosméticos. Quizás por eso sería que Emerson dijo: «La gente siempre se está preparando para vivir, pero nunca vive». Pero cualquiera que quiere vivir en un mundo mejor necesita estar dispuesto a cambiar. El siquiatra Rudolf Dreikurs, director del Instituto Alfred Adler de Chicago, hizo la siguiente observación: «Podríamos cambiar nuestra vida entera y la actitud de la gente que nos rodea si sencillamente cambiáramos nosotros».

> *Podríamos cambiar nuestra vida entera y la actitud de la gente que nos rodea si sencillamente cambiáramos nosotros.*
> —*RUDOLF DREIKURS*

¿Por qué hay personas tan renuentes al cambio? Yo creo que algunos, como Audubon, creen que por alguna razón tienen que seguir un curso particular de acción aun cuando eso no tenga nada ver con sus dones y talentos. Y cuando no están trabajando en áreas donde se sienten cómodos hacen un pobre trabajo. Otros no se preocupan o ni siquiera saben cuáles son sus áreas de mayor efectividad. Como dijo Benjamín Franklin: «Hay tres cosas extremadamente duras: el acero, el diamante y conocerse uno mismo». Otros incluso se estorban a ellos mismos.

Leí un artículo sobre un francés del siglo diecinueve que fue campeón de ajedrez llamado Alexandre Deschapelles. Fue un gran jugador que muy rápido llegó a ser campeón en su región. Pero cuando la competencia se puso dura, él dijo que jugaría si solo su oponente le quitaba un peón y luego hacía la primera movida. De esa manera, no le preocupaba cómo terminaba el juego. Si perdía, podría decir que había jugado con desventaja. Si ganaba, podría aparecer mucho más talentoso. Hoy día, los sicólogos llaman a esa actitud mental la «movida Deschapelles».

NO TIENE NADA DE MALO CAMBIAR DE MODO DE PENSAR

El sicólogo Sheldon Kopp dice: «Todas las batallas importantes se libran dentro de uno». Y es verdad. La gente libra las más grandes batallas contra sus propias flaquezas y fracasos. Durante años, John James Audubon debe de haber resistido a su deseo de agarrar su escopeta y su equipo de dibujar y desaparecer en el bosque como un defecto horrible porque pensaba que tenía que dedicarse a los negocios. Pero cuando se dio cuenta que su escopeta y su equipo de dibujar eran las herramientas de su negocio, todo se aclaró en su mente.

> *Todas las batallas importantes se libran dentro de uno mismo.*
> —*SHELDON KOPP*

El exitoso productor de televisión y director de cine Garry Marshall, quien se describe como el último retoño, ha experimentado más que fracasos. Probablemente usted esté familiarizado con algunos de sus éxitos, las películas *Pretty Woman, The Old Couple, Laverne and Shirley* y *Happy Days* (estas tres últimas para la televisión).

Pero quizás no recuerde algunos de sus otros esfuerzos, como *Blansky's Beauties* y *Me and the Chimp*. Estas fueron bombas.

«La mayoría de la gente trata de ignorar sus debilidades o simplemente negarlas». Dice Marshall. «Para mí siempre ha resultado mejor decir: "Estos son mis puntos débiles. Ahora tengo que encontrar algo para lo que sirvan". No use sus defectos como una excusa para darse por derrotado. Siga adelante, confrontándolos».[1]

ENFRENTE SUS DEFECTOS

El personaje Jean Valjean en *Los Miserables* de Víctor Hugo, declaró: «Morir no es nada. Lo horrible es no haber vivido». Así son las personas que niegan sus defectos internos, los ocultan y luego hacen como que no existen. Para contar con una oportunidad de alcanzar su potencial, usted debe saber quién es y enfrentar sus defectos. Permítame ayudarle en esto. Demos los siguientes pasos:

1. Véase a usted mismo con claridad

El obispo Fulton Sheen regaló este pensamiento: «A la mayoría de nosotros no nos gusta mirar dentro de nosotros por la misma razón que no nos gusta abrir una carta que trae malas noticias». Muchos ven solo lo malo y niegan lo bueno, o ven solo lo bueno y niegan lo malo. Para alcanzar su potencial, usted debe ver ambos.

2. Sea sincero al admitir sus defectos

En el capítulo cinco dijimos que para transformar sus fracasos en victorias usted debe hacerse responsable de *sus actos*. Pero también debe hacerse responsable por *quien es usted como persona*. Esto significa reconocer lo que no puede hacer (basado en sus capacidades), lo que no haría (basado en su talento), o lo que no debe hacer (basado en su carácter). Esto no siempre es fácil hacerlo.

3. Descubra con alegría sus capacidades

El siguiente paso en el proceso es trabajar de acuerdo con sus habilidades. Nunca nadie ha hecho realidad sus sueños actuando fuera del área de sus dones. Para superarse, haga bien lo que hace.

4. Desarrolle esas capacidades con pasión

Como Audubon, usted alcanzará la excelencia si desarrolla con entusiasmo las capacidades que Dios le ha dado. Usted puede alcanzar todo su potencial mañana si se dedica a crecer hoy. Recuerde que para cambiar su mundo, primero debe cambiar usted.

¿QUIÉN ES ESTA PERSONA?

Una de las historias más grandes que conozco personalmente sobre el cambio de una persona, tiene que ver con alguien muy cercano a mí en mi organización, el Grupo INJOY. Mientras trabajaba en este libro y pensaba en alguna historia que pudiera incluir en este capítulo, mi asistente, Linda Eggers, me sugirió que quizás su historia podría ayudar al lector a entender el impacto que un cambio puede hacer en su vida.

Si usted me ha oído personalmente, entonces es probable que me haya oído hablar de Linda. Creo que Linda es la asistente ejecutiva más eficiente en todo el país.

> *Para superarse, haga bien lo que hace.*

Pero no siempre he pensado así de ella. Hace unos años experimentamos tiempos difíciles en nuestra historia, y el hecho que trabajemos juntos ahora es un testimonio elocuente de su disposición y habilidad para echar una mirada muy seria dentro de sí, hacer algunos cambios en su vida, y transformarse en la persona que quería ser.

Linda comenzó a trabajar conmigo a mediados de los años ochenta, cuando yo estaba como pastor principal al frente de la iglesia Skyline en San Diego. Ella trabajaba en la oficina de finanzas con Steve Babby, nuestro jefe de finanzas. Fue por ese tiempo también que formé, con la ayuda de mi buen amigo Dick Peterson, el Grupo INJOY. En esa época, funcionábamos casi sin recursos, y nuestro «personal» estaba formado por un puñado de voluntarios, incluyendo a Linda y a su marido, Patrick.

AYUDA PARA ORGANIZAR EL EQUIPO

Después que Linda trabajó por un tiempo conmigo, la invité a asistir a una nueva conferencia que estaba dictando en el sur de California. Durante el desarrollo de esa conferencia, Linda se dio cuenta que estaba siendo llamada a trabajar en INJOY en la capacitación de pastores para que llegaran a ser mejores líderes. Después de la conferencia se me acercó y me habló de lo que estaba pensando. Más tarde, cuando INJOY llegó a ser lo suficientemente grande, la trajimos a ella para que formara parte del personal.

Bajo el liderazgo de Dick Peterson, actualmente el COO del grupo y presidente de las Conferencias y Recursos de INJOY, Linda se transformó inmediatamente en una pieza clave para nosotros. Hacía cuanto se le pedía, y eso era bastante. Administraba la oficina, contrataba personal, se encargaba de las cuentas y además ayudaba en el desarrollo de productos. A medida que fuimos creciendo, ella fue asumiendo más y más responsabilidades. A principios de los años noventa, era la mano derecha de Dick.

UNOS CUANTOS ERRORES

De repente, un día, Linda se fue. Anunció su retiro y a las dos semanas renunció. Sin ninguna explicación; simplemente se fue. Dick y yo quedamos mudos.

Unas semanas más tarde supe que Linda había renunciado para irse a trabajar como secretaria de un contador amigo mío. Yo no podía entenderlo porque ella siempre había sido una apasionada de la clase de trabajo que hacíamos. No me la imaginaba realizándose mientras escribía cartas y entrando información.

Luego algo aun más sorprendente ocurrió. Supe que Linda tenía una actitud muy negativa hacia mí y hacia INJOY. No era maliciosa, pero sus comentarios eran inapropiados. Y más me entristecía aquella situación porque yo siempre la había tenido en muy alta estima.

Mientras tanto, la vida seguía su curso. Dick contrató a alguien para reemplazar a Linda, y la compañía siguió creciendo. Unos ocho meses más tarde, recibí una llamada telefónica. Era Linda que decía que quería hablar conmigo. El día que vino a mi oficina, estaba temblando. Y cuando empezó a hablar, empezó también a llorar. Se disculpó por todas las cosas negativas que había estado diciendo. Luego me dijo por qué se había ido y qué la había hecho tener esos sentimientos de amargura.

«Estaba trabajando muy duro y demasiadas horas», dijo, «que me estaban matando. Pensé que a nadie le importaba. Ahora me doy cuenta que debí haber ido donde Dick o haber venido a usted y haberles hablado de lo que estaba sintiendo. Pero me sentía furiosa y era demasiada orgullosa para gritar: "¡Mamá!" Y ahí entonces empecé a autolamentarme. ¡Cuánto lo siento, John!»

Linda siguió diciendo que le tomó un mes en su nuevo trabajo darse cuenta que había cometido un gran error. Debió haber permanecido en INJOY.

—¿Qué vas a hacer ahora? —le pregunté.

—No lo sé. No me voy a quedar donde estoy porque me pondría peor. Supongo que voy a buscar un trabajo.

—¿No te gustaría volver a INJOY? —le pregunté nuevamente.

—¿Cree que podría volver a confiar en mí?

—No lo sé... —le dije.

Ese mismo día más tarde, Dick me dijo que Linda se había reunido con él también y que se había disculpado. También se disculpó con su empleador.

Dick y yo hablamos del asunto y le ofrecimos volver a contratarla. Pero sería en una posición diferente. El único puesto disponible en ese tiempo era recibir llamadas y contestar la correspondencia. Tiene que haber sido difícil para alguien que había sido la segunda después del jefe, pero aceptó. Durante tres años, Linda trabajó duro e hizo todo lo que se le pidió con excelencia y una actitud positiva y, con el paso del tiempo, empezó a asistir a Dick más y más.

AYUDAR HACE LA DIFERENCIA

Cuando en 1995 dejé el pastorado en Skyline para dedicarme tiempo completo al Grupo INJOY, necesitaba un nuevo asistente. Y una de las personas que consideré fue Linda. Sabía que era altamente competente; el único problema era saber si podía confiar en ella incondicionalmente. Un asistente ejecutivo que trabaje conmigo tiene que ser capaz de estar metido en mi vida, manejar información sensitiva y personal sobre mí y mi familia y representarme bien donde sea.

No me tomó mucho tiempo llegar a una decisión. Sabía que quería a Linda como mi asistente. Desde ese día, nunca he mirado atrás ni he dudado de ella. Es más, si ella no hubiese insistido en que contara su historia, nunca se me habría ocurrido hacerlo.

Después que Linda empezó a trabajar conmigo de nuevo, me dijo algo interesante. «Desde aquellos primeros tiempos cuando trabajé en Skyline por el año 1986, siempre creí que algún día sería su asistente. ¡Y con solo pensarlo casi me ponía a volar! El punto de retorno para mí fue aquel día que me miré en el espejo y me di cuenta que necesitaba hacer algunos cambios en mi vida, empezando con mi actitud. Si no lo hacía, nunca tendría la oportunidad de hacer lo que Dios quería que hiciera».

Hoy día, Linda es admirable. Me maravillo de lo que es capaz de hacer. Y cada vez que impacto a alguien con una conferencia o un libro, ella tiene su parte. No la cambiaría por nada del mundo.

Mientras usted lee esto, si no es feliz con su actual trabajo, con la situación de la familia, o con su vida, busque primero lo que puede cambiar en usted antes de tratar de cambiar sus circunstancias. Y reconozca esto:

No *entender* lo que usted quiere es un problema de *conocimiento*.
No *tratar de obtener* lo que quiere es un problema de *motivación*.
No *lograr* lo que quiere es un problema de *persistencia*.

Si usted sabe quién es, hace los cambios que debe para aprender y crecer, y luego da todo lo que tiene a sus sueños, puede lograr lo que su corazón desee.

Su octavo paso hacia el lado positivo del fracaso:

Cambie usted, y su mundo cambiará

Sam Peeples Jr., dijo: «Las circunstancias de la vida, los acontecimientos de la vida y las personas que me rodean en la vida no me *hacen* ser lo que soy, sino que *revelan* la forma en que soy». Tómese algún tiempo para descubrir quién es usted al examinar sus debilidades y virtudes.

Primero, haga una lista de debilidades y defectos:

MIS DEBILIDADES

Observaciones personales:

Observaciones de quienes me rodean:

Observaciones de otras personas:

La debilidad requiere cambio. Si algo que puso en la lista cae en la categoría de actitud o personalidad, necesita hacer una confrontación, como la hizo Linda Eggers. (Quizás demande disculparse, restituir, o cambiar el estilo de vida.) Si una debilidad que puso en la lista tiene que ver con ausencia de talento o habilidad, entonces quizás necesite hacer ajustes en sus prioridades, metas, o en su carrera profesional.

Ahora, piense en sus virtudes. Haga una lista de sus dones, talentos, oportunidades y recursos que usted posee:

MIS VIRTUDES

Talentos:

Habilidades:

Oportunidades:

Recursos:

Adopte un plan que le permita desarrollar sus virtudes y obtener el máximo de su potencial. Recuerde que usted no puede cambiar a menos que cambie desde adentro. Cambie usted, y todo su mundo cambiará.

Pasos para encontrar el lado positivo del fracaso:

1. Reconozca que hay una gran diferencia entre las personas mediocres y las que triunfan.

2. Aprenda una nueva definición de *fracaso*.

3. Elimine el «yo» de sus fracasos.

4. Entre en acción y reduzca su miedo.

5. Cambie su reacción ante el fracaso aceptando su responsabilidad.

6. No deje que el fracaso externo se meta dentro de usted.

7. Dígale adiós al ayer.

8. Cambie usted, y su mundo cambiará.

9

Deje de fijarse en usted; los demás ya lo han hecho

No se quede atrapado dentro de su propio ego,
porque puede llegar a ser una prisión.
—BARBARA WARD

Quienes deseen transformar sus fracasos en victorias deben dejar de poner su atención en ellos y dirigirla a los demás. A este proceso se le podría llamar *pasar por sobre uno mismo*. Hace unos cuantos años, vi una película maravillosa llamada *Mr. Holland's Opus* que ilustra bellamente todo este proceso.

COMIENZA CON LAS GRACIAS

La película fue escrita por Patrick Sheane Duncan, a quien se le ocurrió la idea mientras permanecía atrapado en una aglomeración del tránsito. Por la radio del automóvil escuchó del recorte en los programas escolares y del número de profesores en el estado de California.

«De repente me di cuenta de lo importante que habían sido los profesores en mi vida», dice Duncan, «y que la cosa más notable que como adultos podemos hacer es educar a nuestros hijos».

Recordó a una profesora en especial que hizo un gran impacto en su vida. «Tenía fama de ser la profesora más tacaña y más dura en la escuela. Pero fue la única que me compró mis libros y que me regaló la ropa de su propio hijo cuando este creció. *Mr. Holland's Opus* es un tributo a ella y a cualquiera otra en esa gran profesión».

La jornada de un hombre

La película es la historia de Glenn Holland (interpretado por Richard Dreyfuss), un joven músico que desea llegar a ser un gran compositor. Pero cuando el dinero escasea y se le hace difícil mantener a su familia, busca a regañadientes trabajo como maestro. Ese trabajo, que toma solo como algo temporal, se transforma en el interés principal de su vida. A lo largo de la película, descubre que quiere compartir su amor por la música con sus estudiantes y, en el proceso, se descubre a sí mismo.

El punto central de la película se presenta cuando la posición de maestro del señor Holland es eliminada debido a recortes presupuestarios, y de pronto se da cuenta que ha alcanzado la edad mediana. En ese momento, sabe que ha perdido para siempre la oportunidad de cortar sus raíces, irse a New York y llevar su sinfonía, la que ha escrito en sus momentos libres durante los últimos veinte años. Abatido y sintiéndose rechazado, cree que ha desperdiciado su vida.

Cuando abandona la sala de clases, lo hace deprimido y al borde de la amargura. Camina por el pasillo a paso lento y sin ánimo, preparándose para abandonar la escuela para siempre. Es en ese momento cuando oye algo en el auditorio. Cuando se acerca para ver de qué se trata, descubre a docenas y docenas de estudiantes a quienes había influenciado poderosamente durante todos sus años de profesor. En ese grupo está incluso el gobernador del estado, cuya vida hizo un giro importante para ser mejor bajo su enseñanza.

Un hombre ordinario que hace algo extraordinario

El director de la película, Stephen Herek se sintió atraído a dirigir *Mr. Holland's Opus* «porque el guión me conmovió. Me hizo llorar», admite. «Muy rara vez leo algo que al terminar lo hago con lágrimas que fluyen espontáneamente. Pero así fue como me sentí cuando terminé de leer el manuscrito. La historia transforma en héroe a un hombre cualquiera quien en este caso resulta ser un profesor, lo que no deja de ser importante. Es también una historia acerca de cómo un ser humano puede afectar a una cantidad de otras personas y tocar sus vidas en una manera muy especial».

Muchas personas piensan que tocar las vidas de otras personas es exclusivo de un grupo elite de personas especialmente dotadas. Pero este no es el caso. Cualquiera persona, por ordinaria que sea, como Glenn Holland en la película, puede causar un impacto positivo en la vida de los demás.

Algunas personas fracasadas se dicen que en cuanto logren algún grado de éxito o descubran algún talento escondido, se van a preocupar por impactar la vida de los demás. Pero para estas personas tengo noticias. Muchos que luchan con fracasos crónicos experimentan esto porque no piensan sino en ellos mismos. Se preocupan de lo que los demás piensan de ellos. Se esfuerzan para lograr que nadie sea mejor que ellos. Están permanentemente preocupados por protegerse.

> *Muchos que luchan con fracasos crónicos experimentan esto porque no piensan sino en ellos mismos.*

Hace algunos años, leí un artículo sobre Billy Martin, el entrenador de los Yankees de New York, que lo describía como una persona que actuaba de esa forma. El autor decía que en sus últimos años, el ex jugador gastó mucha de su energía inventándose enemigos y frustrando complots en su contra. No sé cuánta verdad hay en esta aseveración pero lo que sí sé es que Martin fue contratado y despedido de su cargo de entrenador de los Yankees *cinco* veces.

A mi papá le encanta contar chistes, y mientras más viejos son, mejor para él. Recuerdo haber ido con él a ver un partido de fútbol en San Diego y cada vez que los jugadores formaban un grupo para fijar la próxima estrategia, él se inclinaba sobre mí y me decía: «John, ¿habías oído del tipo aquel que dejó de ir a ver los partidos de fútbol porque cada vez que los jugadores se agrupaban, creía que estaban hablando de él?»

Si usted continuamente está centrando su energía y atención en usted, tengo un mensaje que darle: *Deje de preocuparse por usted, que alguien lo hará.*

Si usted tiene un historial de continuos fracasos y dedica la mayor parte de su tiempo y energía a tratar de ser el número uno, quizás necesite aprender una nueva forma de pensar donde otros sean los primeros. Si usted sospecha que una tendencia al egoísmo está impidiéndole alcanzar sus metas y sueños, necesita cambiar y mejorar su forma de buscar el éxito.

DEJE DE CONCENTRARSE EN USTED

Primero, necesita pensar en otros antes que usted. Una de las principales causas de pensamientos negativos y mala salud mental es la auto absorción. El egoísmo termina dañando tanto a las personas que rodean al egoísta, como a este mismo. Inclina a la persona al fracaso porque la mantiene en una actitud mental negativa.

Tal es la razón para que el Dr. Karl Menninger respondiera en la forma que lo hizo cuando alguien le preguntó: «¿Qué consejo le daría a una persona que siente que va a tener un quebranto nervioso?» Muchos esperaban que dijera: «Que consulte a un siquiatra» ya que esa es su profesión. Para

> *Las personas generosas rara vez tienen problemas mentales.*
> —KARL MENNINGER

su sorpresa, Menninger dijo: «Que cierre la casa, vaya a los barrios pobres, busque a una persona necesitada y haga algo para ayudar a esa persona».[1]

Mi amigo Kevin Myers dice que «la mayoría de la gente es demasiado insegura como para dar algo». Creo que esto es verdad. La mayoría de los que ponen toda su atención en ellos mismos, sienten que están perdiendo algo en sus vidas y tratan de recuperarlo. Por ejemplo, aquí hay algunas necesidades y el efecto lateral común que ocurre cuando se pierden:

Necesidad interior	*Si la pierdo, me siento...*
Sentido de pertenencia	Inseguro
Sentido de valía	Inferior
Sentido de eficiencia	Inadecuado
Sentido de propósito	Insignificante

Desarrollar un espíritu dadivoso, como sugiere Menninger, ayuda a la persona a superar algunos sentimientos de deficiencia en una forma positiva y saludable. Por eso es que Menninger cree que «las personas generosas rara vez tienen problemas mentales». Una persona es menos propensa a preocuparse de ella si trata de ayudar a los demás

DEJE DE TOMARSE TAN EN SERIO

En mis seminarios, trabajo con una gran cantidad de líderes. Y he encontrado que muchos se toman demasiado en serio. Por supuesto, ellos no son los únicos. A cada momento en mi vida me encuentro con personas que tienen demasiadas rimbombancias en sus actitudes. Necesitan alivianarse un poco. No importa cuán importante sea su trabajo, no hay razón para tomarse demasiado en serio.

Hace unas cuantas semanas, me encontraba en Australia enseñando liderazgo a un grupo de varios miles de gente de negocios. Y les estaba diciendo que la mayoría de nosotros nos creemos más importante de lo que realmente somos. Les dije que el día que me muera, uno de mis buenos amigos pastores hará un hermoso elogio y contará historias divertidas de mí, pero veinte minutos más tarde la cosa más importante que tendrá en mente será encontrar la ensalada de papas en la comida que se dará en mi memoria. Necesitamos tener un sentido del humor respecto de estas cosas, especialmente si trabajamos con personas. El comediante Víctor Borge lo resume así: «La risa es la distancia más corta entre dos personas».

Si hay alguien que tiene razón para tomar su trabajo y a él mismo en serio es el presidente de los Estados Unidos. Pero es posible que personas que ostentan esta posición conserven el sentido del humor y su ego a raya. Por ejemplo, cuando a Calvin Coolidge le preguntaron si asistiría a la Exposición del Sesquicentenario en Philadelphia, él dijo que sí.

—¿Por qué va a ir, señor presidente?» —le volvieron a preguntar.

—Porque allí se van a exhibir piezas de museo —contestó.

Más recientemente, cuando a George Bush le dijeron que una compañía pondría a la venta un juego de postales para niños de los presidentes de Estados Unidos, su comentario fue: «Me gustaría saber cuántas postales de George Bush se necesitarán para cambiarlas por una de Michael Jordan».

Si su tendencia es tomarse demasiado en serio, tómese un descanso y déselo a las personas que lo rodean. Recuerde que la risa produce elasticidad.

EMPIECE A PONER AL EQUIPO PRIMERO

Si a usted le gusta seguir las alternativas del deporte, seguramente habrá oído hablar mucho del egoísmo de los atletas profesionales. Últimamente, la crítica ha sido especialmente dura contra los jugadores profesionales de básquetbol debido a que muchos de ellos parece que poseen la mentalidad de «yo primero». Gran parte de las críticas tuvieron que ver con la diferencia en el desempeño entre los equipos de hombres y de mujeres en los Juegos Olímpicos de 1996. La cantidad de talento individual en el equipo masculino fue abrumadoramente superior a la de sus oponentes; sin embargo, hubo momentos en que el trabajo en equipo brillaba por su ausencia. Las mujeres, por el contrario, sin tener tan grandes estrellas, tuvieron un desempeño admirable como equipo.

Cuando la competencia es dura, el egoísmo hace casi lo imposible para evitar que un equipo gane. Esto, al fin de cuentas, produce el fracaso. Si solo el talento fuera el que ganara los campeonatos, entonces, los «Angeles Lakers» de finales de los años noventa debió de haber sido el ganador. Y no lo fue.

Afortunadamente, no todas las historias que salen de la NBA tienen que ver con el egoísmo y los fracasos. Los campeones de 1999, San Antonio Spurs, obtuvieron la victoria porque un hombre que había sido su mejor jugador durante una década entendió la importancia de quitar su atención de él mismo.

David Robinson, de siete pies y una pulgada, es el centro de los Spurs. En sus diez años en la NBA, Robinson ha ganado prácticamente todos los premios como jugador de básquetbol profesional. En 1990 fue elegido el novato del año; en 1991, el mejor rebotador; en 1992, el mejor defensa; en 1992, el mejor bloqueador; en 1994, el mejor anotador y en 1995, el jugador más valioso. En ocho ocasiones ha sido convocado para integrar el equipo de las estrellas de los Estados Unidos. Su juego, extraordinariamente consistente, lo ha puesto en lo alto del escalón de estadísticas en varias categorías de la NBA, incluyendo anotaciones por juego. Ha sido designado entre los cincuenta mejores jugadores en la historia de la NBA.

No obstante todos estos atributos personales, Robinson nunca había ganado un campeonato de la NBA hasta la temporada de 1999. ¿Cómo lo logró? Dejando su puesto de jugador ofensivo a Tim Duncan, quien fue el héroe.

Durante los juegos finales de la temporada 1999, Avery Johnson, compañero de equipo, dijo: «David Robinson es lo máximo en jugador con mentalidad de equipo, es el ganador nato. Él puso su ego a un lado y se transformó en un jugador totalmente diferente para bien del equipo. Pudo haber hecho veinticinco puntos, pero ¿estaríamos donde estamos ahora? No».

En 1999, Robinson hizo el peor promedio de puntos en toda su carrera. Su perspectiva era la siguiente: «Observé a mi equipo y me di cuenta que necesitaba que yo fuera más defensivo y mejor rebotador. Para ser un equipo completo, no teníamos ambos que ser anotadores. Yo pude hacerlo en algunos partidos, pero el equipo es también el de Tim. Y eso está bien conmigo».

El resultado de la capacidad de modestia de Robinson al poner al equipo por encima de él fue un éxito para *todo* el conjunto. Si usted quiere triunfar y sobreponerse a los fracasos, tiene que dejar de preocuparse tanto por usted.

EMPIECE A DAR VALOR A LOS DEMÁS

Cuando la gente piensa en usted, ¿se dice a sí misma: «Mi vida es mejor gracias a esa persona», o «Mi vida es peor debido a esa persona»? Su opinión probablemente responda la pregunta de si está añadiendo valor a su vida. Desde que nos mudamos a Atlanta hace algunos años, hemos hecho unos buenos amigos llamados Howard y Doris Bowen. No hace mucho, mi esposa Margaret y yo fuimos a la fiesta de cumpleaños de Doris. Había mucha gente en la fiesta debido al impacto positivo que ella ha hecho en la vida de esas personas. Mientras permanecimos allí, oímos a uno tras otro hablar del impacto que ella había hecho en sus vidas.

Doris es una persona que corre la segunda milla. Después que tuve un ataque de corazón en diciembre de 1998, pasé un tiempo en que tenía que ir todos los días al hospital para hacerme exámenes. Doris dejó todo para acompañar a Margaret aun cuando acabábamos de conocerla. Ella siempre está haciendo esa clase de cosas para otros. Es una amiga maravillosa.

Después que toda esa gente manifestó lo que Doris significaba para ellos, ella se paró y dijo: «Toda mi vida he querido que la gente sienta como que es mejor gracias a su amistad conmigo. Gracias por hacerme sentir que he hecho algo por ustedes».

Para tener éxito como persona, usted tiene que tratar de ayudar a otros. Eso es por lo que mi amigo Zig Ziglar dice: «Usted podrá llegar a tener en la vida todo lo que desea si ayuda lo suficiente a otros para que ellos lleguen a tener todo lo que desean». ¿Cómo se logra eso? ¿Cómo dejar de preocuparse por usted mismo para empezar a preocuparse por los demás? Puede hacerlo:

1. Poniendo a los demás primero en sus pensamientos

Cuando conoce a alguien, ¿es su primer pensamiento sobre lo que van a pensar de usted, o cómo podría hacerles sentir más cómodos? En el trabajo, ¿trata de hacer que sus compañeros o sus empleados luzcan bien, o está preocupado en asegurarse de recibir su cuota de crédito?

> *Cuando llegas a conocer los valores de una persona, puedes añadirle otros.*

Cuando usted alterna con miembros de la familia, ¿cuáles son los mejores intereses que tiene en mente?

Sus respuestas mostrarán dónde está su corazón. Para agregar valores a los demás tiene que empezar poniendo a los demás antes que usted en su mente y corazón. Si puede hacerlo, entonces podrá ponerlos primero en sus acciones.

2. Descubra lo que los demás necesitan

¿Cómo podría alguien agregar valores a los de otras personas si no sabe de lo *que* aquellas personas tienen necesidad? Escuche a la gente. Pregúnteles por las cosas que son importantes para ellos, y obsérvelos. Si puede descubrir cómo la gente gasta su tiempo y su dinero, conocerá sus valores. Y cuando conozca sus valores, podrá añadirles más.

3. Satisfaga la necesidad con excelencia y generosidad

El paso final demanda acción concreta. Una vez que usted conozca las cosas que le interesan a las personas, esfuércese por satisfacer sus necesidades con excelencia y generosidad. Ofrezca lo mejor de usted sin pensar en la retribución.

El presidente Calvin Coolidge creía que «ninguna empresa puede existir únicamente para sí misma. Atiende a algunas grandes necesidades y lleva a cabo importantes servicios no para sí, sino para otros; si dejara de hacer esto se transformaría en impro-

> *Ninguna empresa puede existir únicamente para sí misma. Atiende a algunas grandes necesidades y lleva a cabo importantes servicios no para sí, sino para otros; si dejara de hacer esto se transformaría en no productiva y dejaría de existir.*
>
> —CALVIN COOLIDGE

ductiva y dejaría de existir».

DETRÁS DE TODO GRAN HOMBRE

Cuando pienso en algunas de las figuras notables de la historia que fueron capaces de ministrar a las necesidades de la gente y llevar a cabo un gran servicio, uno de los primeros que recuerdo es John Wesley, el inglés del siglo dieciocho que fundó el movimiento metodista. Él fue un líder que sirvió a Dios durante toda su vida con un espíritu generoso. Pero hay alguien en su familia que fue aun más desinteresada que él y que, realmente, alcanzó sus objetivos a través de su servicio.

Esa persona fue la madre de John, Susana Wesley. La última de veinticuatro hijos nacida en 1669 en el seno de una familia londinense acomodada, la muy inteligente Susana fue la mascota de su padre, el clérigo Samuel Annesley. Aunque por lo general en la Inglaterra de aquellos tiempos no se daba a las hijas mujeres una educación formal, Susana recibió una instrucción excelente de su padre, quien le permitía permanecer en su estudio cuando muchos de los hombres famosos de su tiempo se congregaban allí para discutir temas generales y filosofía. Como resultado, ella era una persona bien informada, y su capacidad intelectual estaba bien afinada.

A los diecinueve años de edad, se casó con Samuel Wesley, un joven clérigo a quien se le llegó a considerar uno de los más finos eruditos de sus días. Formaron su hogar y empezaron juntos sus vidas. Poco tiempo después, Susana tuvo su primer hijo, al que le siguieron varios más. Desdichadamente sus esperanzas eran más grandes que sus posibilidades de modo que pasaron casi todos sus cincuenta años de vida matrimonial en medio de apuros económicos.

INFLUENCIAR A LOS INFLUYENTES

En aquellos días, las mujeres de la clase media no trabajaban fuera de su casa, no obstante, Susana tuvo un trabajo más que de tiempo completo. Se dedicó por entero al cuidado de su familia. Mantenía la casa, controlaba las finanzas (su marido era un pésimo administrador financiero) y supervisaba sus modestos esfuerzos campesinos. Aun cuando Samuel fue enviado por sus acreedores a prisión donde permaneció durante tres meses, ella no desmayó en su trabajo, el que realizó mientras seguía teniendo hijos, lo cual no era corriente en aquellos días. En veintiún años, trajo al mundo *diecinueve* hijos, diez de los cuales lograron sobrevivir.

A pesar de todo el trabajo que Susana Wesley realizaba para su familia, su tarea más importante era educarlos. Cada día, excepto los domingos, durante seis horas se dedicó a la instrucción moral e intelectual de sus tres varones y siete mujeres. Hizo de ese trabajo el objetivo de su vida.

Cuando estaba en los sesenta, su hijo John le pidió que le diera a conocer sus métodos escribiéndolos. Su respuesta fue:

> No me gusta escribir sobre mi forma de enseñar. Creo que no serviría de mucho que alguien supiera cómo yo, que he vivido una vida de retiro por muchos años, empleé mi tiempo y cuidados en criar a mis hijos. Nadie puede, sin renunciar al mundo, en el sentido más literal, llevar a cabo mi método; y hay muy pocos, si es que hay alguien que pudiera dedicarse por entero durante los mejores veinte años de su vida a salvar el alma de sus hijos, la cual se cree que puede salvarse sin mucha dificultad; por eso fue mi principal preocupación.[2]

Ella había realizado un increíble acto de entrega y, en el proceso, tuvo que dar mucho de sí, como ella misma dice, los mejores veinte años de su vida. Pero los resultados que se pueden ver en sus tres hijos hablan por sí solo. Charles fue un influyente clérigo y se le ha reconocido como uno de los más grandes escritores de himnos de todos los tiempos. Y a John se le atribuye el haber delineado el carácter de Inglaterra más que cualquiera otra persona en su generación. Su impacto en el Protestantismo sigue siendo notable.

Es probable que usted no pueda dar a su familia el tiempo que le dio Susana Wesley a la suya. Pero qué importante es que dé todo cuanto pueda a las personas que son importantes para usted. Y podrá hacer eso solo si aprende a no preocuparse por usted. Dedique más atención a lo que puede dar en lugar de a lo que puede recibir, ya que dar es realmente el nivel más alto de vivir.

Su noveno paso hacia el lado positivo del fracaso:

Despreocúpese de usted y comience a darse a los demás

Si una tendencia egoísta le está impidiendo despreocuparse de usted, examine su actitud y decídase a hacer de las necesidades de los demás una prioridad en su vida. Empiece haciéndose las siguientes preguntas diariamente, tanto al principio como al final de cada día:

- ¿A quién estoy beneficiando con mi vida?

- ¿A quién estoy ayudando que no puede devolverme el favor ayudándome?

- ¿A quién estoy levantando cuando no puede hacerlo por sí solo?

- ¿A quien estoy dando ánimo diariamente?

Si usted va a actuar cada día con los intereses de los demás en su mente, pronto va a poder dar respuestas concretas y afirmativas a estas preguntas.

Pasos para encontrar el lado positivo del fracaso:

1. Reconozca que hay una gran diferencia entre las personas mediocres y las que triunfan.

2. Aprenda una nueva definición de *fracaso*.

3. Elimine el «yo» de sus fracasos.

4. Entre en acción y reduzca su miedo.

5. Cambie su reacción ante el fracaso aceptando su responsabilidad.

6. No deje que el fracaso externo se meta dentro de usted.

7. Dígale adiós al ayer.

8. Cambie usted, y su mundo cambiará.

9. Despreocúpese de usted y comience a darse a los demás.

Trate al fracaso como a un amigo

10

Aproveche los beneficios positivos de las experiencias negativas

Un fracasado es una persona que hace las cosas mal pero que no es capaz de sacar beneficio de la experiencia.
—Elbert Hubbard

Los artistas de obras manuales David Bayles y Ted Orland cuentan una historia acerca de un profesor de arte que experimentó un sistema nuevo de calificaciones con dos grupos de estudiantes. Es una parábola en relación con el fracaso. Esto fue lo que ocurrió:

El profesor de cerámica anunció el día de comienzo de clases que iba a dividir la clase en dos grupos. Todos los que estuvieran a su izquierda, serían calificados únicamente por la cantidad de trabajo que produjeran, en tanto que los de la derecha recibirían sus calificaciones según la calidad del trabajo que hicieran. Su procedimiento era sencillo, al final del día pesaría en la balanza del cuarto de baño el trabajo de los del grupo de «cantidad». Cincuenta libras de potes equivaldrían a una A, cuarenta a una B, y así por el estilo. Sin embargo, los del grupo de «calidad» necesitarían producir solo un pote, aunque perfecto, para recibir una A. Bien, llegó el tiempo de calificar y se presentó un hecho curioso. Los potes de la más alta calidad fueron producidos por el grupo que iba a ser calificado por la cantidad. Parece que mientras los del grupo de la cantidad se dedicaban a amontonar potes e iban aprendiendo de sus errores, los de calidad se sentaron a teorizar sobre la perfección, y al final del día tenían para mostrar un poco más que grandiosas teorías y un montón de barro sin usar.[1]

No importa cuáles sean sus objetivos en el campo del arte, los negocios, el servicio cristiano, los deportes o las relaciones humanas. La única forma en que usted puede salir adelante es fracasando temprano, fracasando a menudo, y transformando sus fracasos en victorias.

ECHE A ANDAR

Cada año enseño liderazgo a miles de personas en numerosas conferencias. Y una de mis más profundas preocupaciones siempre es que algunos volverán a casa después de la conferencia y nada cambiará en sus vidas. Disfrutan la actividad pero fallan en cuanto a poner en práctica las ideas que les han sido presentadas. Continuamente les digo: «Sobrestimamos la conferencia y subestimamos el proceso. Cada sueño realizado ocurrió gracias a la dedicación de un proceso. (Esa es una de las razones por las que escribo libros y grabo programas en audio casetes; así la gente puede involucrarse en el *proceso* resultante de crecimiento.)

De forma natural la gente tiende a la inercia. Esto es lo que hace que el auto mejoramiento sea una batalla tan dura. Pero es también por lo que en el corazón de cada éxito yace la adversidad. El proceso de triunfar viene a través de fracasos reiterados y la lucha constante para llegar a un nivel más alto.

> *Sobrestimamos la conferencia y subestimamos el proceso. Cada sueño realizado ocurrió gracias a la dedicación de un proceso.*

La mayoría de la gente acepta de mala gana que si quieren triunfar, tienen que hacerlo pasando a través de algún grado de adversidad. Tienen que reconocer que para progresar es necesario sufrir algún revés. Pero yo creo que el éxito viene si usted lleva ese pensamiento un paso más adelante. Para hacer realidad sus sueños, tiene que aceptar la adversidad y hacer de los fracasos una parte normal de su vida. Si no está teniendo fracasos, probablemente no está realmente avanzando en la vida.

LOS BENEFICIOS DE LA ADVERSIDAD

La sicóloga Dra. Joyce Brothers afirma: «La persona interesada en triunfar tiene que aprender a ver el fracaso como una parte saludable e inevitable del proceso de llegar a la cumbre». La adversidad y el fracaso que a menudo vienen como consecuencia, son cosas que deben esperarse que ocurran en el proceso de alcanzar el éxito y deberían tomarse como partes absolutamente críticas de este. Realmente, los beneficios de la adversidad son muchos. Veamos las siguientes razones para aceptar la adversidad y pasar a través de ella:

1. La adversidad crea resistencia

Nada en la vida alimenta más la resistencia como la adversidad y el fracaso. Un estudio escrito en la revista *Time* a mediados de los años ochenta describe la increíble resistencia de un grupo de personas que perdieron sus trabajos tres veces por el cierre de las plantas. Los sicólogos esperaban que se desalentaran, pero al contrario, se veían sorprendentemente optimistas. Su adversidad había desarrollado en ellos una ventaja. Debido a que ya habían perdido un trabajo y habían encontrado uno nuevo a lo menos dos veces, estaban mejor preparados para manejar la adversidad que otros que habían trabajado solo para una compañía y ahora eran despedidos.[2]

> *Para hacer realidad sus sueños, tiene que aceptar la adversidad y hacer de los fracasos una parte normal de su vida. Si no está teniendo fracasos, probablemente no está realmente avanzando en la vida.*

2. La adversidad desarrolla madurez

La adversidad puede hacer de usted a alguien mejor si no deja que lo amargue. ¿Por qué? Porque la adversidad promueve sabiduría y madurez. El dramaturgo estadounidense William Saroyan se refirió a esto, diciendo: «Las personas buenas lo son porque han adquirido sabiduría a través de los fracasos. El éxito provee muy poca sabiduría».

Si el mundo sigue cambiando a un ritmo cada vez más rápido, la madurez con flexibilidad llegará a ser algo muy importante. Estas cualidades son generadas cuando se hace frente a las dificultades. John Kotter, profesor de la escuela de comercio de Harvard, dice: «Me puedo imaginar a un grupo de ejecutivos veinte años atrás analizando a un candidato para un puesto importante y diciendo: "Esta persona tuvo un gran fracaso cuando tenía treinta y dos años". Todos los demás dirían: "Sí, sí, mala señal". Me imagino al mismo grupo analizando a un candidato hoy día y diciendo: "Lo que me preocupa de esta persona es que nunca ha tenido un fracaso"».[3] Los problemas que enfrentamos y sobre los cuales vencemos preparan nuestros corazones para dificultades futuras.

3. La adversidad amplía el marco de lo que se considera rendimiento aceptable

Lloyd Ogilvie contó de un amigo que durante su juventud trabajó en un circo. Este explica cómo aprendió a trabajar en el trapecio:

> Una vez que se sabe que allá abajo está la red de protección, uno deja de preocuparse por la posibilidad de caer. ¡En realidad se aprende a caer con éxito! Eso significa que se puede concentrar en agarrar el trapecio que danza ante uno y no en una caída, porque repetidas caídas en el pasado lo han convencido que la red es fuerte y confiable... El resultado de caer y ser salvado por la red es una confianza misteriosa al arriesgarse en el trapecio. Se cae menos. Y cada caída te hace enfrentar riesgos mayores.[4]

Mientras una persona no aprenda por experiencia que puede sobrevivir a la adversidad, no querrá ir contra la tradición, ampliar el marco del rendimiento de la organización o desafiar sus límites físicos. El fracaso impulsa a una persona a reconsiderar el *status quo*.

4. La adversidad provee mayores oportunidades

Yo creo que eliminando los problemas se limita nuestro potencial. Casi todos los empresarios exitosos con quienes he hablado, han tenido numerosas historias de adversidades y reveses que le abrieron puertas para mayores oportunidades. Por ejemplo, en 1978, Handy Dan, que tenía una ferretería especializada en la línea «hágalo-usted-mismo», contrató a Bernie Marcus, hijo de un ruso que trabajaba en una fábrica de gabinetes en Newark, New Jersey. Eso impulsó a Marcus a asociarse con Arthur Blank para empezar su propio negocio. En 1979 abrieron la primera tienda en Atlanta, Georgia, y la llamaron Home Depot. Hoy día, Home Depot tiene más de setecientas sesenta tiendas con un número de empleados que llega a los ciento cincuenta y siete mil y se ha expandido incluso fuera de los Estados Unidos. Sus ventas anuales superan los treinta billones de dólares.

Estoy seguro que Bernie Marcus no estaba muy contento con el trabajo que le ofreció Handy Dan. Pero si no lo hubiese estado, quién sabe si habría logrado el éxito que ostenta hoy día.

5. La adversidad lleva a la innovación

A principios del siglo veinte, un niño cuya familia había emigrado de Suecia a Illinois compró por correo un libro sobre fotografía que le costó veinticinco centavos. Cuando llegó el pedido, descubrió que en lugar de mandarle el que él había pedido, le habían mandado uno sobre ventriloquia. ¿Qué hizo él? Se puso a estudiar ventriloquia. El niño era Edgar Bergen, quien por más de cuarenta años ha entretenido a la gente con la ayuda de un muñeco de madera llamado Charlie McCarthy.

La capacidad de innovar está en el corazón de la creatividad, un componente vital para el éxito. Jack Matson, profesor en la Universidad de Houston reconoció ese hecho y desarrolló un curso que sus estudiantes llamaron «Fracaso 101». En él, Matson encarga a sus estudiantes crear imitaciones de productos que nadie compraría. Su meta es conseguir que los estudiantes comparen el fracaso con la innovación en lugar de con la derrota. De esa manera serán libres para intentar nuevas cosas. «De esta manera aprenden a recargar y prepararse para disparar otra vez», dice Matson. Si usted quiere tener éxito, tiene que aprender a hacer ajustes a la forma en que hace las cosas y tratar de nuevo. La adversidad ayuda a desarrollar esa habilidad.

6. La adversidad recubre beneficios inesperados

La persona común y corriente comete un error y automáticamente piensa que es un fracaso. Pero algunas de las grandes historias de éxitos pueden encontrarse en los beneficios inesperados de los errores. Por ejemplo, muchos están familiarizados con la historia de Edison y el fonógrafo. Él lo descubrió mientras trataba de inventar algo completamente diferente. ¿Pero sabía usted que las hojuelas de maíz (Corn Flakes de Kellogg) fue el resultado de que a alguien se le quedó una olla con maíz hirviendo toda la noche? ¿O que el jabón Ivory flota porque una cantidad de él se dejó en la mezcla por demasiado tiempo lo que significó que absorbió un volumen de aire fuera de lo común? ¿O que las toallas de papel Scott nacieron cuando una máquina de papel higiénico puso demasiadas hojas de papel juntas?

Horace Walpole dijo que «en ciencia, los errores siempre anteceden a la verdad». Esto es lo que le ocurrió al químico suizo-alemán Christian Friedrich Schönbein. Un día que estaba trabajando en la cocina, lo que su esposa le tenía estrictamente prohibido, y estaba experimentando con ácido sulfúrico y ácido nítrico, de pronto derramó algo de la mezcla sobre la mesa de la cocina. Se había metido en un problema porque sabía que cuando su esposa viera aquello, experimentaría alguna forma de «adversidad». Rápidamente cogió un delantal de algodón, limpió el líquido y colgó el delantal cerca del fuego para que se secara.

De repente se produjo una violenta explosión. Evidentemente, la

> *En ciencia, los errores siempre anteceden a la verdad.*
>
> —HORACE WALPOLE

celulosa en el algodón experimentó un proceso llamado nitratación. Sin querer, Schönbein había inventado la nitrocelulosa a la que se llegó a conocer como pólvora sin humo. Al comercializar su invento, este le produjo muy buena ganancia.

7. *La adversidad motiva*

Hace algunos años, cuando Bear Bryant estaba entrenando al equipo de fútbol de la Universidad de Alabama, en un juego en el que faltaban dos minutos para que terminara el último cuarto, el equipo Crimson Tide estaba adelante por solo seis puntos. Bryant mandó al campo a su lanzador con instrucciones de retener el balón y así dejar que el tiempo transcurriera.

En el grupo, este dijo a sus compañeros: «El entrenador dijo que jugáramos conservadoramente y eso es lo que ellos esperan. Vamos a darles una sorpresa». Y se aprestó a reanudar el juego.

Cuando inició la jugada con el clásico pase hacia atrás, uno de los defensas del equipo contrario, que era campeón de velocidad, interceptó el balón y se dirigió hacia la zona final con la intención de anotar. El lanzador, que no era reconocido como velocista, salió desesperadamente tras el defensa, agarrándolo en la línea de la yarda cinco. Su esfuerzo salvó el juego.

Después que el juego terminó, el entrenador del equipo contrario se acercó a Bear Bryant y le dijo: «¿Cómo es eso que tu lanzador no es un buen corredor? Logró detener a mi jugador más veloz».

Bryant respondió: «Tu hombre corrió para ganar seis puntos; el mío corrió por su vida».

Nada puede motivar más a una persona que la adversidad. El saltador olímpico Pat McCormick dice al respecto: «Yo creo que el fracaso es uno de los grandes motivadores. Después de haber perdido estrechamente en las pruebas de 1948, sabía cuán bueno podía ser. Fue la derrota la que me llevó a poner toda mi concentración en mi entrenamiento y metas». En 1952, en Helsinki, McCormick ganó dos medallas de oro y cuatro años más tarde, otra en Melbourne.

Si usted puede superar las circunstancias negativas que debe enfrentar, podrá descubrir sus beneficios. Esto es así en casi todos los casos. Usted simplemente tiene que estar dispuesto a esperarlos, y no tomar la adversidad en forma tan personal.

Si pierde su trabajo, piense en la fortaleza que esa experiencia le permitirá desarrollar. Si se enfrenta a algo grande y sobrevive, evalúe cuánto ha aprendido acerca de usted y cómo eso le va a ayudar a aceptar nuevos retos. Si una librería se equivoca al procesar su pedido, tome aquello como una oportunidad de aprender algo nuevo. Y si en su carrera experimenta un traspié de la índole que sea, piense en la madurez que eso producirá en usted. Además, Bill Vaugham afirma que «en el juego de la vida es bueno tener algunas pérdidas tempraneras, porque alivian de la presión de tratar de mantenerse sin derrotas». Siempre mida un obstáculo lo más cerca posible del tamaño del sueño que está tratando de convertir en realidad. Todo depende la forma en que lo vea.

¿QUÉ PODRÍA SER PEOR?

Una de las historias más increíbles de adversidad superada y de éxito ganado es la de José, el antiguo hebreo. Es posible que usted conozca la historia. Fue el penúltimo de doce hijos en una familia rica del Medio Oriente cuyo negocio era criar ganado. Cuando era un adolescente, José hizo que sus hermanos llegaran a odiarlo. Primero, era el favorito de su padre aun cuando era casi el menor. Segundo, acostumbraba a comunicar a su padre cuando sus hermanos no hacían bien el trabajo de cuidar las ovejas. Y tercero, cometió el error de decir a sus hermanos mayores que un día él tendría que hacerse cargo de ellos. Algunos de sus hermanos quisieron matarlo, pero el mayor, Rubén, los disuadió de hacerlo. Pero cuando Rubén se descuidó, sus hermanos lo vendieron como esclavo.

José fue a dar a Egipto donde entró a servir en la casa del capitán de la guardia, un hombre llamado Potifar. Gracias a sus capacidades de líder y administración, José fue rápidamente ascendido y en poco tiempo, estaba a cargo de toda la casa. Estaba haciendo lo mejor en su mala situación. Pero de pronto, las cosas empeoraron. La esposa de su amo trató de persuadirlo para que se acostara con ella. Cuando él se negó, ella lo acusó de intento de violación y Potifar, creyendo a su mujer, mandó a José a la cárcel.

DE LA ESCLAVITUD A LA PRISIÓN

En ese punto, José estaba en una posición realmente difícil. Estaba separado de su familia. Vivía en una tierra extraña. Era un esclavo. Y ahora estaba en la cárcel. Pero de nuevo trató de hacer lo mejor dadas las circunstancias. En poco tiempo, el jefe de la cárcel puso a José a cargo de todos los presos y de las actividades diarias de la prisión.

José conoció a otro preso que había sido jefe de los coperos en la corte de Faraón. Cuando aquel preso tuvo un sueño que no pudo entender, José se lo interpretó. Cuando José vio la gratitud del hombre, le pidió un favor.

«Cuando las cosas empiecen a cambiar para bien en tu vida», le dijo, «acuérdate, pues, de mí cuando tengas ese bien, y te ruego que uses conmigo de misericordia, y hagas mención de mí a Faraón, y me saques de esta casa. Porque fui hurtado de la tierra de los hebreos; y tampoco he hecho aquí por qué me pusiesen en la cárcel».[5]

Crecieron las esperanzas de José cuando pocos días después el jefe de los coperos fue sacado de la cárcel y reintegrado a su trabajo en la corte con plena gracia del monarca. José esperaba que en cualquier momento le llegaran noticias del Faraón sobre su liberación, pero esperó, y esperó, y esperó. Y nada. Pasaron dos años antes que el copero se acordara de José y se acordó de él solo porque el Faraón tuvo unos sueños que él necesitaba que alguien se los interpretara.

FINALMENTE, EL MOMENTO DECISIVO

Al final, José pudo interpretar los sueños de Faraón. Y dado que el hebreo mostró tanta sabiduría, el gobernante egipcio lo puso a cargo de todo el reino. Como resultado del liderazgo de José, su forma de planeamiento y sistema de almacenar alimentos, cuando el hambre golpeó el Medio Oriente durante siete años, muchos miles de personas que de otra manera habrían muerto, pudieron sobrevivir, incluyendo a la propia familia de José. Cuando sus hermanos viajaron a Egipto para escapar de la hambruna, *veinte* años después de haberlo vendido como esclavo, descubrieron que su hermano José no solo estaba vivo, sino que era el segundo en importancia del reino más poderoso de la tierra.

Pocas personas estarían dispuestas a aceptar la adversidad de vivir durante trece años en cautiverio como esclavo y como preso. Pero hasta donde sabemos, José nunca perdió la esperanza y nunca perdió su perspectiva. Ni aun guardó rencor contra sus hermanos. Después que su padre murió, les dijo: «Ustedes trataron de causarme daño, pero Dios lo usó para bien, para lograr lo que ahora se ha hecho, la salvación de muchas vidas». Él encontró los beneficios positivos en sus experiencias negativas. Y si él lo pudo hacer, usted también puede.

Su décimo paso hacia el lado positivo del fracaso:

Busque el beneficio en cada mala experiencia

Buscar el beneficio en una mala experiencia es una habilidad que toma tiempo desarrollar y esfuerzo para cultivar. Usted puede comenzar pensando en la peor adversidad que haya experimentado y hacer una lista de todos los beneficios que han ocurrido, o podrían ocurrir, como resultado. Hágalo ahora:

La peor adversidad:

Beneficios que han ocurrido:
1.
2.
3.

Beneficios que podrían ocurrir:
1.

2.

3.

Una vez que haya aprendido cómo salir adelante a través de algo que le ocurrió en el pasado, el próximo paso será aprender a hacerlo cuando experimente la adversidad. Durante la semana siguiente, al experimentar problemas, contrariedades o fracasos, tómese un tiempo al final del día para pensar en todas las cosas buenas que pueden surgir de aquellas experiencias negativas. Y trate de mantener una actitud positiva al seguir hacia adelante de modo que pueda mantenerse alerta ante los beneficios que vendrán.

Pasos para encontrar el lado positivo del fracaso:

1. Reconozca que hay una gran diferencia entre las personas mediocres y las que triunfan.

2. Aprenda una nueva definición de *fracaso*.

3. Elimine el «yo» de sus fracasos.

4. Entre en acción y reduzca su miedo.

5. Cambie su reacción ante el fracaso aceptando su responsabilidad.

6. No deje que el fracaso externo se meta dentro de usted.

7. Dígale adiós al ayer.

8. Cambie usted, y su mundo cambiará.

9. Despreocúpese de usted y comience a darse a los demás.

10. Busque el beneficio en cada mala experiencia.

11

Arriésguese. No hay otra manera de triunfar

Mientras una persona duda porque se siente inferior, la otra está
ocupada cometiendo errores para llegar a ser superior.
—HENRY C. LINK

Cada era tiene sus grandes exploradores, gente dispuesta a enfrentar el peligro para abrir caminos nuevos y descubrir nuevos mundos. Al pueblo de los Estados Unidos le encanta este tipo de personas. Los nombres de pioneros y aventureros temerarios siguen resonando a través de la historia: Colón, Crockett, Lewis y Clark, Lindbergh, Armstrong. El motor que impulsó a personas como estas para que conquistaran nuevos territorios es el riesgo. Charles Lindbergh, pionero de la aviación, dijo: «¿Qué clase de hombre es aquel que le gusta vivir donde no hay desafíos? Yo no creo en arriesgarse a tontas y a locas, pero nada se conseguirá si la persona no está dispuesta a arriesgarse».

El riesgo es algo divertido; es muy subjetivo. Lo que quiero decir es esto: Alguien puede no tener ningún problema en lanzarse desde lo alto de una torre con una cuerda atada al pie, pero la misma persona puede considerar un riesgo mortal hablar ante un grupo de veinte personas. Para otra persona, hablar en público puede ser la cosa más natural del mundo. Por ejemplo, a mí me encanta hablar a grupos de hasta ochenta y dos mil personas; pero, por el otro lado, jamás me lanzaría desde una torre con una cuerda atada a un pie.

¿Cómo decide usted si una acción vale la pena o es riesgosa? ¿Basa su criterio en el miedo? No, porque usted está dispuesto a hacer cosas

que le asustan. ¿Lo haría, entonces, por la probabilidad de
éxito? No, tampoco creo que
sea la respuesta. El riesgo hay
que evaluarlo no por el miedo
que genera en usted o por la
probabilidad del éxito que espera tener, sino por la importancia de la meta a la que
quiere llegar.

> *El riesgo hay que evaluarlo no*
> *por el miedo que genera en*
> *usted o por la probabilidad*
> *del éxito que espera tener,*
> *sino por la importancia de la*
> *meta a la que quiere llegar.*

¿SERÁ *ELLA* UNA PIONERA?

Permítame contarle la historia de alguien que se vio enfrentada a
arriesgarse para alcanzar ciertas metas que eran muy importantes para
ella. A medida que crecía, no había muchas evidencias de que Millie
algún día llegaría a ser una de las grandes aventureras del siglo veinte.
Era una niña muy preguntona que nació en Kansas en 1897. Acadé-
micamente fue brillante. Le gustaba leer libros y recitar poemas. También disfrutaba de los deportes, particularmente básquetbol y tenis.

Después de reconocer el impacto de la guerra sobre los soldados
que servían en Europa durante la I Guerra Mundial, Millie quiso hacer algo para ayudarlos. Decidió estudiar enfermería y, durante la guerra, trabajó como ayudante de enfermería militar en Canadá. Después
que la guerra terminó, se matriculó como estudiante de pre-medicina
en la Universidad Columbia en Nueva York. En 1920, después de fi-
nalizado su primer año de estudios, visitó a su familia en Los Angeles.
Fue entonces cuando hizo su primer vuelo en avión a Daugherty
Field, en Long Beach, California. Eso bastó. «Tan pronto como des-
pegamos supe que ahí estaba mi destino», dijo.[1] No regresó a la escuela
de medicina.

AVENTURAS AUDACES

Aquel fue el comienzo de una nueva vida para Millie. (Y a propósito, debo decir que «Millie» es como la llama su familia. Usted y yo la conocemos como Amelia, Amelia Earhart.)

De inmediato empezó a trabajar para ganar mil dólares que necesitaba para tomar lecciones para aprender a volar un avión. Muy pronto llegó a ser una alumna de Anita Snook, otra pionera en el campo de la aviación.

Aprender a volar no fue fácil, a lo menos para la Earhart. Tuvo su buena cuota de estrellones, pero siguió adelante. Años más tarde, habría de decirle a su esposo su opinión en cuanto a volar: «Tú sabes lo consciente que estoy de los peligros ... Quiero hacerlo porque quiero hacerlo. Las mujeres debemos tratar de hacer cosas como las que intentan hacer los hombres. Si fracasamos, nuestro fracaso debe ser un desafío para otros».[2]

En 1921, la Earhart hizo sola su primer vuelo. Al año siguiente batió el récord de altura, en lo que sería la primera de una serie de marcas que establecería en aviación. Piloteaba aviones porque amaba volar, pero también tenía un programa. Estaba tratando de abrir camino para otros. «Mi ambición es hacer que este don maravilloso produzca resultados prácticos para el futuro de la aviación comercial para la mujer que quiera volar los aviones de mañana», dijo.[3]

Durante el curso de su carrera como aviadora, Earhart rompió varias marcas y logró varios primeros lugares:

- 1928: La primera mujer en cruzar el Océano Atlántico en un avión como pasajera.

- 1929: Primer presidente de «Ninety-nines», una asociación de mujeres pilotos.

- 1930: Marca de velocidad para una mujer: 292,5 kilómetros por hora en un recorrido de tres kilómetros.

- 1931: «Primera persona en establecer una marca de altitud en un autogiro (precursor del helicóptero): 18.451 pies.

- 1932: Primera mujer piloto en volar sola sobre el Océano Atlántico.

- 1935: Primera persona en volar sola y sin escala entre Oakland, California y Honolulu, Hawai.

UN RIESGO MAYOR

Por el año 1935, Amelia Earhart era una piloto madura y excelente que había hecho lo imposible por alcanzar sus metas de abrir camino para las mujeres y legitimar la aviación comercial. Ella seguramente había creído en el principio de todos los grandes triunfadores: «Si triunfa a la primera, a la próxima intente con algo más difícil» porque eso se advierte cuando ella decidió embarcarse en aventuras mayores. Trató de volar alrededor del mundo. Aquella hazaña ya había sido lograda por un hombre, pero la Earhart intentó seguir una ruta más cerca del ecuador e imponer una marca para el vuelo más largo (para ambos sexos) de cuarenta y seis mil seiscientos sesenta kilómetros.

En marzo de 1935 dio inicio a su intento. El primer tramo lo hizo desde Oakland a Hawai, pero al despegar de Luke Field cerca de Pearl Harbor, se le rompió un neumático y se estrelló, causándole gran daño al avión. Había fracasado, pero no estaba dispuesta a darse por vencida. Trajo el avión a California para repararlo, y empezó a preparar un segundo intento.

Dos años más tarde, en junio de 1937, despegó, pero esta vez rumbo al este. Dijo: «Tengo la sensación que en mi sistema hay un vuelo mejor yendo hacia el este y espero que así sea. De todos modos, cuando termine este trabajo, espero terminar con estos vuelos espectaculares de larga distancia».[4] Para finales de junio, ella y su navegante, Frederick Noonan, habían volado treinta y cinco mil trescientos noventa y ocho kilómetros. Cuando el 2 de julio despegaron de New Guinea estaban llenos de esperanza ya que solo les quedaban once mil doscientos sesenta y dos kilómetros por recorrer. Pero nunca más se les volvió a ver. Aunque los barcos de la marina de los Estados Unidos buscaron diligentemente, no se encontraron ni rastros del avión.

VALE LA PENA

Si durante sus últimas horas alguien hubiese podido hablar con la Earhart, estoy seguro que ella no habría expresado ningún pesar por intentar lo que hizo. En cierta ocasión dijo: «Ahora y siempre, las mujeres harán por ellas mismas lo que los hombres ya han hecho, y ocasionalmente lo que los hombres aun no han hecho, y de ese modo establecerse como personas y quizás animar a otras mujeres hacia una mayor libertad de pensamiento y de acción. Estas consideraciones contribuyeron para que yo hiciera lo que tanto quería hacer».[5]

Para alcanzar una meta que valga la pena es necesario arriesgarse. Amelia Earhart lo creía así, y su consejo cuando se enfrentó a los riesgos fue sencillo y directo: «Decide si lo que quieres lograr es digno de los riesgos que puedes correr. Si la respuesta es positiva, deja de preocuparte».

La realidad es que *todo* en la vida tiene sus riesgos. Si usted quiere evitarse los riesgos, entonces no haga nada de lo que apunto a continuación:

No conduzca un automóvil. Son la causa del veinte por ciento de los accidentes fatales.

No viaje ni por aire, ni por tren, ni por agua. El dieciséis por ciento de todos los accidentes ocurren en esta actividad.

No camine por la calle. El quince por ciento de todos los accidentes ocurren allí.

No permanezca en su casa. El diecisiete por ciento de todos los accidentes ocurren en la casa.[6]

En la vida no hay lugar seguro ni actividad sin riesgos. Helen Keller, escritora, conferenciante y defensora de las personas limitadas físicamente, dijo: «La seguridad es más que nada una superstición. No existe en la naturaleza ni entre los hijos de los hombres como una experiencia global. A la larga, evitar el peligro no es más seguro que exponerse a él. La vida es una aventura atrevida o no es nada».

Todo en la vida demanda riesgos. Es cierto que usted corre el riesgo de fracasar si intenta algo audaz porque puede perderlo. Pero también corre el riesgo de fracasar si se mantiene inactivo y no intenta nada. G. K. Chesterton escribió: «No creo en un destino que cae sobre el hombre cada vez que actúa; pero sí creo en un destino que cae sobre él si no actúa».

> *No creo en un destino que cae sobre el hombre cada vez que actúa; pero sí creo en un destino que cae sobre él si no actúa.*
>
> —*G.K. CHESTERTON*

Mientras menos se atreva, mayor será el riesgo de fracasar. Irónicamente, mientras mayor es el riesgo a fracasar (y realmente fallar), mayores son las probabilidades de tener éxito.

Cuando de arriesgarse se trata, creo que hay dos clases de personas: los que no se atreven a intentar cosas nuevas, y los que no se atreven a perdérselas.

Los que no se atreven	Los que no quieren perderlas
1. Se *resisten* a las oportunidades.	1. *Encuentran* las oportunidades.
2. *Racionalizan* sus responsabilidades.	2. *Cumplen* con sus responsabilidades.
3. *Persisten* en sus imposibilidades.	3. Se *alimentan* de las imposibilidades.
4. *Apagan* el entusiasmo.	4. *Alientan* la llama del entusiasmo.
5. *Analizan* sus limitaciones.	5. *Enfrentan* sus limitaciones.
6. *Retroceden* ante los fracasos de los demás.	6. *Analizan* la razón del fracaso de los demás.
7. *Rechazan* el costo personal involucrado.	7. *Asumen* el costo en su forma de vida.

8. *Reemplazan* las metas con placer.

8. *Hallan* placer en la meta.

9. Se *alegran* de no haber fallado.

9. Le *temen* a la futilidad, no al fracaso.

10. *Descansan* antes de haber terminado.

10. *Terminan* antes de descansar.

11. *Resisten* el liderazgo.

11. *Siguen* a los líderes.

12. Se *mantienen* sin cambiar.

12. *Fuerzan* el cambio.

13. *Repiten* los problemas.

13. *Buscan* soluciones.

14. *Dudan* ante sus compromisos.

14. *Cumplen* con sus compromisos.

15. *Cambian* de actitud ante sus decisiones.

15. *Mantienen* sus decisiones.

Motivación: Prefiero intentar algo más sencillo y tener éxito que algo grande y fracasar.

Motivación: Prefiero intentar algo grande y fallar que intentar algo pequeño y tener éxito.

Si usted quiere aumentar sus posibilidades de éxito, tiene que arriesgarse.

TRAMPAS QUE HACEN QUE LA GENTE NO ESTÉ DISPUESTA A ARRIESGARSE

Si una empresa riesgosa tiene un beneficio potencial grande, entonces, ¿por qué la gente no la abraza como se abraza a un amigo? Creo que no lo hacen porque tienden a caer en una o más de las siguientes seis trampas:

1. La trampa de la vergüenza

Muy dentro de nosotros, a nadie le gusta lucir mal. Si usted se arriesga y cae de narices en el suelo, sin duda que se va a sentir avergonzado. ¿Qué hace entonces? Se pone de pie. La única manera de aprender a hacer las cosas mejor es seguir adelante, incluso pasando por sobre los que lo hicieron caer. Poco progreso es mejor que ningún progreso. El éxito se logra dando pequeños pasos. Si usted tropieza al dar un paso pequeño, no importará mucho. No envuelva la basura en papel de regalo. Deje que los pequeños fracasos se vayan y usted siga su camino.

2. La trampa de la racionalización

La gente que queda presa en la trampa de la racionalización, duda de cualquiera cosa que haga, y mientras se prepara para entrar en acción, se dice: «Quizás no sea tan importante». Pero la verdad es que si espera demasiado, *nada* será importante. O como lo establece la quinta regla de la dilación de Ed: «Pasa suficiente tiempo confirmando la necesidad y la necesidad desaparecerá».

Sydney J. Harris dice: «Lamentarse de las cosas que hicimos puede ser aminorado con el tiempo; lamentarse por las cosas que dejamos de hacer puede ser inconsolable». Si usted se arriesga y falla, va a tener menos de qué lamentarse que si no hace nada y falla.

> *Pasa suficiente tiempo confirmando la necesidad y la necesidad desaparecerá.*
> —*QUINTA REGLA DE LA DILACIÓN DE ED*

3. La trampa de la expectativa desproporcionada

Por alguna razón, mucha gente piensa que en la vida todo debería ser fácil, y cuando se dan cuenta que alcanzar metas demanda esfuerzo, se rinden. Pero el éxito demanda trabajo duro.

Piense en este proverbio latino: «Si no hay viento, rema». Mientras se prepara para arriesgarse, no espere vientos favorables. Empiece a acostumbrarse a la idea de que quizás tenga que remar; entonces, si recibe ayuda, será una grata sorpresa.

> *Si no hay viento, rema.*
> —*PROVERBIO LATINO*

4. La trampa de la justicia

Cuando el sicólogo M. Scott Peck empezó su libro *The Road Less Traveled [El camino menos transitado]* con las palabras: «La vida es difícil», lo que estaba diciendo era que la vida no es justa. Muchas personas nunca aprenden esto. En lugar de reconocerlo y seguir hacia adelante, gastan sus energías tratando de hallar justicia. Dicen: «Yo no debería ser el que haga esto».

Dick Butler amplía esta idea, diciendo: «La vida no es justa. Y no será justa. Deje de lloriquear y de quejarse y decídase a hacer lo que tiene que hacer». El deseo de no asumir tal o mas cual riesgo no le hará las cosas más fáciles. Realmente, puede ser más difícil. Usted tiene que decidir cómo va a actuar.

5. La trampa del tiempo

A Don Marquis, el famoso escritor y humorista, se le consideraba el campeón de la indecisión. Un amigo que conocía esa tendencia en Marquis le preguntó en qué forma él lograba creer que el trabajo del día estaba terminado. «Simple», respondió Marquis. «Solo hago como que era el trabajo de ayer».

Algunas personas tienden a pensar que hay un tiempo perfecto para hacer las cosas, y no es así. Entonces, esperan. Pero Jim Stovall advierte: «No espere que todas las luces estén verdes para salir de casa». Si usted espera el momento perfecto, es posible que se pase la vida esperando. Y mientras más espera, más cansado se sentirá. William James aclara sabiamente: «No hay nada que canse más que un trabajo sin terminar». No use el tiempo como una excusa para la postergación.

6. La trampa de la inspiración

En una ocasión, alguien dijo: «No tiene que estar contento de empezar, sino que debe empezar a estar contento». Mucha gente quiere esperar a estar inspirada para empezar a arriesgarse. Encuentro que esto es especialmente cierto entre la gente con inclinación artística. Como dijo el dramaturgo Oscar Wilde cuando le preguntaron cuál era la diferencia entre un escritor profesional y uno aficionado, que la diferencia es que el aficionado escribe cuando siente hacerlo, en tanto que el profesional escribe aunque no sienta hacerlo.

Cuando hay que seguir adelante, Bill Glass tiene la siguiente advertencia: «Cuando sientas que aflora la inspiración dentro de ti, haz algo al respecto dentro de las siguientes veinticuatro horas; si no, las posibilidades están en contra tuya de que alguna vez logres empezar algo».

¿ESTÁ TOMANDO SUFICIENTES RIESGOS?

Al examinar la forma en que vive, piense si está tomando suficientes riesgos, no riesgos inadvertidos, sino conscientes. Aunque si usted no cayera en una de las seis trampas que acabamos de señalar, todavía es posible que esté actuando muy a la segura. ¿Cómo saberlo? Observando sus errores.

Fletcher L. Byrom dice:

> Asegúrese de generar un número razonable de faltas. Yo sé que en algunas personas estas llegan solas, pero hay muchos ejecutivos que tienen tanto miedo a cometer un error, que hacen inflexibles a sus organizaciones con controles y contra-controles, desalientan la innovación y, al final, se auto estructuran de tal manera que pierden la oportunidad de catapultar a su compañía hacia las alturas del éxito. De modo que es bueno que eche una mirada a su propia realidad, y si ve que ha llegado al final de un año sin haber cometido una falta, entonces yo le voy a decir, mi amigo, que usted no ha intentado nada de lo que debió de haber intentado.

Si está teniendo éxito en cualquiera cosa que esté haciendo, entonces probablemente no se está exigiendo demasiado. Y eso significa que no está tomando suficientes riesgos.

OTRA FORMA DE ARRIESGARSE

Es posible que encuentre difícil relacionar su propia realidad con aquellos grandes exploradores y aventureros de la historia, como Amelia Earhart. El riesgo que estas personas corrieron puede parecer muy diferente a la situación de su vida. Si tal es el caso, necesita conocer la vida de alguien cuya tranquila disposición a arriesgarse puede parecerse más a la suya.

Su nombre fue Joseph Lister, y fue un médico de segunda generación que nació en Inglaterra en 1827. En los días durante los cuales empezó a practicar la medicina, la cirugía era algo muy doloroso y horrible.

Si hubiese tenido la desdicha de sufrir un accidente y hubiese tenido que ser operado a mediados de 1880, a esto es lo que habría tenido que enfrentarse: Habría sido llevado a un teatro de intervenciones quirúrgicas del hospital, que era un edificio separado del edificio principal del hospital para evitar que los pacientes regulares se asustaran por sus gritos. (La anestesia todavía no había sido desarrollada.) Habría sido amarrado a una mesa muy parecida a una de su cocina, bajo la cual había un cubo con arena para recibir y absorber la sangre.

La operación pudo haber sido llevada a cabo por un médico como por un barbero, rodeado de un grupo de observadores y ayudantes. Todos ellos estarían vestidos con la misma ropa que habían estado usando durante el día mientras viajaban por la ciudad y trataban a otros pacientes. Los instrumentos usados por el médico eran sacados de un cajón donde habían sido colocados (sin desinfectar) después de la operación anterior. Y si el cirujano hubiese necesitado tener las manos libres mientras trabajaba en usted, habría sujetado el bisturí entre sus dientes.

Su oportunidad de sobrevivir a la operación habría sido de un poco más que el cincuenta por ciento. Si hubiese tenido la desgracia de ser operado en un hospital militar, sus posibilidades de sobrevivir se habrían reducido a un diez por ciento. De la cirugía durante esa era, un médico contemporáneo escribió: «Un hombre sobre la mesa de operaciones en uno de nuestros hospitales de cirugía estaba expuesto a más probabilidades de muerte que un soldado inglés en el campo de Waterloo».[7]

Decidido a hacer una diferencia

Como los otros cirujanos de su tiempo, Lister sufría por el alto índice de muertes entre sus pacientes, pero no conocía la causa. Sin embargo, se dispuso a descubrir una forma de salvar la mayoría de los pacientes que pudiera.

Su mayor progreso vino cuando su amigo, el profesor de química Thomas Anderson, le entregó algunos escritos. Los documentos los había escrito el científico Luis Pasteur. En ellos, el científico francés decía que en su opinión la gangrena era causada no por el aire, sino por una bacteria y gérmenes presentes en el aire. Lister encontró notables estas ideas. Y teorizó en el sentido de que si se lograba eliminar a los microbios peligrosos, sus pacientes tendrían más probabilidades de evitar la gangrena, envenenamiento de la sangre y las otras infecciones que a menudo les causaban la muerte.

La innovación hace de él un proscrito

De acuerdo a lo que sabemos sobre gérmenes e infecciones, hoy las ideas de Lister pudieron haber parecido de sentido común. Sin embargo, en aquellos días su creencia era radical, incluso entre los miembros de la comunidad médica. Y cuando Lister, que trabajaba en un hospital en Edinburgh, presentó sus creencias a los cirujanos jefes, se burlaron de él, lo ridiculizaron y lo rechazaron. Cada vez que hacía sus rondas, sus colegas lo insultaban y lo criticaban sin misericordia. Era un proscrito.

A pesar del rechazo de sus colegas y de una naturaleza inherentemente apacible, Lister rehusó retractarse. Continuó sus trabajos sobre el problema, pero sus investigaciones las hacía en su casa. Durante largo tiempo, él y su esposa trabajaron en un laboratorio que montaron en la cocina. La clave, creía él, era encontrar una sustancia que fuera capaz de matar los microbios.

Finalmente, Lister optó por el ácido carbónico, una sustancia usada para limpiar el sistema de drenaje en la ciudad de Carlisle. Su investigación preliminar le permitió estar listo para probar su teoría. Pero eso exigía otro riesgo, mucho mayor que el rechazo de sus colegas. Tendría que experimentar con ácido carbónico en un paciente vivo, sin saber si este podría morir.

UN RIESGO MAYOR

Lister decidió esperar hasta dar con la persona adecuada. Buscaba a alguien que estuviera condenado a morir. El 12 de agosto de 1865 encontró a su paciente en un niño de once años, que había sido llevado al hospital tras haberse caído de una carreta. Sus piernas habían resultado tan dañadas que los huesos rotos habían traspasado la piel quedando expuestos. Y sus heridas tenían más de ocho horas. Era la clase de paciente que por lo general no lograba sobrevivir.

Lister usó ácido carbónico para limpiar las heridas, sus instrumentos y todo lo que fuera a estar en contacto con el paciente. También vendó las heridas con vendas que empapó en esa sustancia. Y esperó. Un día, dos días, tres días, cuatro días. Para su alegría, después del cuarto día no había señales de fiebre o envenenamiento de la sangre. Después de seis semanas, el niño pudo volver a caminar.

En medio de fuertes críticas, Lister usó ácido carbónico en todos sus procedimientos. Durante 1865 y 1866 trató a once pacientes con fracturas complicadas y ninguno de ellos contrajo infecciones. Al proseguir con sus investigaciones, mejoró sus métodos, descubriendo sustancias antisépticas adicionales que trabajaron mucho mejor.

EL RESULTADO DEL RIESGO

En 1867, Lister publicó sus hallazgos y aun entonces la profesión médica lo ridiculizó. Por más de una década, comunicó sus descubrimientos y animó a los otros doctores a que adoptaran sus prácticas. Finalmente, en 1881, dieciséis años después de su éxito con un paciente, sus colegas en el Congreso Médico Internacional efectuado en Londres, reconocieron sus avances. Y a su trabajo lo catalogaron como quizás el avance más grande que haya hecho la cirugía.[8] En 1883 fue hecho caballero y en 1887 fue hecho barón. Hoy día, si usted se ha tenido que someter a cualquier tipo de cirugía, como me ha ocurrido a mí, tiene para con el Dr. Joseph Lister una tremenda deuda de gratitud. Sus riesgos garantizaron nuestra seguridad.

Los riesgos de Lister no deberían verse como mayores que los corridos por alguien como Amelia Earhart, pero eso no tiene importancia. Lo que él hizo trajo grandes logros personales a él y beneficios permanentes a otros. Él no estaba contento con sus éxitos como médico. Por eso intentó algo más difícil, y riesgoso. Y eso sí que importa. Usted se arriesga porque hay algo valioso que quiere alcanzar. Esta es otra forma de transformar los fracasos en victoria.

Su undécimo paso hacia el lado positivo del fracaso:

Si tiene éxito al primer intento, pruebe algo más difícil

La disposición de asumir riesgos mayores es una clave importante para tener éxito, y usted debería sorprenderse que eso puede resolver dos clases de problemas muy diferentes.

Primero, si ha alcanzado todas las metas que se ha propuesto, entonces necesita aumentar su disposición para aprovechar las oportunidades. El camino hacia el siguiente nivel es siempre hacia arriba, de modo que usted no puede alcanzarlo con el impulso que lleva.

Por el contrario, si se encuentra en un lugar donde pareciera que no va a lograr muchas metas, es probable que esté actuando muy conservadoramente. De nuevo, la respuesta es una disposición a asumir riesgos mayores. (Es irónico que los extremos opuestos del espectro se juntan en el área de riesgo.)

Piense en la próxima gran meta que tiene por delante. Escriba el plan que se ha trazado para alcanzarla. Luego revíselo para ver si ha incluido suficientes riesgos. Si no, busque partes de ese proceso donde pueda extremar los límites, arriésguese más y aumente sus oportunidades de éxito.

Pasos para encontrar el lado positivo del fracaso:

1. Reconozca que hay una gran diferencia entre las personas mediocres y las que triunfan.

2. Aprenda una nueva definición de *fracaso*.

3. Elimine el «yo» de sus fracasos.

4. Entre en acción y reduzca su miedo.

5. Cambie su reacción ante el fracaso aceptando su responsabilidad.

6. No deje que el fracaso externo se meta dentro de usted.

7. Dígale adiós al ayer.

8. Cambie usted, y su mundo cambiará.

9. Despreocúpese de usted y comience a darse a los demás.

10. Busque el beneficio en cada mala experiencia.

11. Si tiene éxito al primer intento, pruebe algo más difícil.

12

Haga del fracaso su mejor amigo

Las cosas que duelen, enseñan.
—BENJAMÍN FRANKLIN

La idea de que usted puede hacer del fracaso su mejor amigo puede parecerle extraña. Pero la verdad es que el fracaso o es su amigo o es su enemigo, y el único que puede inclinar la balanza a un lado o al otro es usted. Si cada vez que tiene un fracaso usted se echa a llorar, el fracaso será su enemigo. Pero si decide aprender de sus fracasos, entonces se va a beneficiar de ellos y podrá hacer del fracaso su amigo. Si usa repetidamente sus fracasos como trampolín para el éxito, entonces el fracaso llegará a ser su *mejor* amigo. Déjeme explicarle.

UN ABRAZO A LA TRAGEDIA

¿Cómo se sentiría usted teniendo un accidente que le cueste la nariz, la mitad de su brazo derecho y todos los dedos de su mano izquierda? Supongo que sus pensamientos no serán muy positivos. Pero eso fue lo que ocurrió al Dr. Beck Weathers, y él ve esa pérdida como el acontecimiento determinante de su vida, el acontecimiento que cambió todo a su alrededor.

«¿Que si quisiera recuperar mis manos?», dijo en una entrevista que le hicieron en el programa «Evening News» de la CBS. «Por supuesto que sí. ¿Que si quisiera tener mis manos para volver a ser lo que fui antes? No».

¿Qué cosa podría llevar a alguien a *preferir* tan dramática incapacidad? La respuesta podemos encontrarla en el Monte Everest. Porque

Beck Weathers fue uno de los que estaba en la cima de esa montaña durante el ahora famoso incidente de 1996 cuando una nevada segó la vida de doce personas.

UNA EXPERIENCIA LEJOS DE SER COMÚN

Weathers tenía cuarenta y nueve años de edad cuando ascendió al Everest. Para ese tiempo, había sido un escalador de montañas durante diez años. Escalar era su pasión.

> Deploro el tiempo que debo pasar lejos de mi esposa y de mis dos hijos. En esta actividad hay involucrada una gran dosis de desprendimiento ... Me doy cuenta que cuando escalo dejo de preocuparme de todos los demás aspectos de mi vida. Es una meta excesiva que no tiene fin. Con un día de felicidad que uno tenga, ya estará empezando a planear el próximo viaje.[1]

Weathers siempre dedica mucho tiempo a prepararse para el siguiente viaje. Antes del Everest, había escalado seis de las siete cumbres, las montañas más altas en los diferentes continentes. Y para cada ascenso se sometió a un agotador régimen de entrenamiento.

Para la ascensión al Everest se incorporó a una expedición dirigida por el neozelandés Rob Hall. Antes que el equipo llegara al campamento más alto (a veintiséis mil pies), Weathers se sentía muy bien, a pesar de las condiciones difíciles: frío horrible y un tercio del oxígeno presente al nivel del mar. Pero el 10 de mayo, cuando ascendía a la cumbre, se dio cuenta que tenía problemas. Algunos años antes se había sometido a una operación de queratotomía para corregir su visión. Mientras más ascendía en la montaña, la altitud hizo que sus lentes saltaran de sus ojos, lo que lo dejó prácticamente ciego.

ABANDONADO PARA MORIR

En esas circunstancias, la decisión más sabia que podía tomar Weathers, era quedarse donde estaba y esperar y luego unirse al grupo cuando este viniera de vuelta de la cumbre. Pero pronto la difícil situación en que se encontraba fue superada por un cambio horrendo en las condiciones del tiempo. Una rara ventisca cubrió rápidamente la montaña haciendo que la temperatura bajara hasta unos cincuenta grados bajo cero y aumentando la velocidad del viento a setenta millas por hora. La tormenta obligó a cada uno a luchar por sobrevivir. En toda esta situación, Weathers quedó abandonado en la montaña. Pasaron las horas y cayó en un estado de coma hipotérmico.

Sus compañeros lo buscaron durante horas sin dar con él. El 11 de mayo, temprano en la mañana lo encontraron. Estaba cubierto con hielo y apenas respiraba. Supusieron que de un momento a otro moriría, de modo que lo dejaron donde estaba, volvieron al campamento y le avisaron por radio a su esposa que había muerto.

Nadie ha salido de un coma hipotérmico y ha sobrevivido, excepto Beck Weathers. De alguna manera él recuperó las fuerzas, se incorporó, buscó el camino y tambaleándose, llegó al campamento. Su chaqueta estaba abierta, su rostro estaba tan negro por las quemaduras que era difícil reconocerlo y su brazo derecho que había estado expuesto tenía un aspecto blanco mármol y estaba congelado en una buena parte.[2]

¡RESURRECCIÓN!

Aun después de su milagroso retorno al campamento, nadie creía que Weathers sobreviviría. Pero él se mantuvo luchando. De regreso en su casa en Dallas recibió atención médica. Fue sometido a diez operaciones; le amputaron los dedos de su mano izquierda, le amputaron el brazo derecho a la altura del codo y le construyeron una nueva nariz usando piel de otras partes de su cuerpo.

Al final, Weathers tuvo que someterse a un proceso de aprendizaje radical. Él cree que cambió sus manos por algo mucho más valioso: lecciones sobre él mismo, sus valores y su vida. Él confiesa:

> Probablemente sea la persona más feliz ahora, después de haber pasado por todo lo que me ha ocurrido. Tengo un juego diferente de

prioridades. Uno nunca sabe quién es y qué es, sino hasta que ha sido realmente probado. Usted gana muchísimo más cuando el fracaso lo golpea que lo que pudiera enseñarle el éxito.[3]

La actitud de Weathers refleja más que solo gratitud por sobrevivir a una tragedia que pudo haberle causado la muerte. Él muestra su capacidad para aprender lo que le ha permitido cambiar su vida para bien. Al hacer del sufrimiento su mejor amigo, ha transformado sus fracasos en victoria.

ES CUESTIÓN DE ACTITUD

Afortunadamente no es necesario llegar a exponerse a la muerte en la montaña más alta del mundo para aprender a hacer del fracaso un amigo. Se puede aprender en la seguridad de su propia casa. Todo lo que se requiere es una actitud correcta.

Su actitud hacia el fracaso determina su altitud después de fracasar. Hay personas que nunca logran entender esto. Por ejemplo, John H. Holiday, fundador y editor del diario *Indianapolis News,* salió como una tromba de su oficina en busca de la persona que había escrito mal una palabra. Cuando uno de los empleados revisó el original y le dijo que él mismo, Holiday, la había escrito mal, la respuesta del editor fue: «Bueno, si así es como yo la escribo, debe estar bien escrita». Así que durante los siguientes treinta años, el periódico escribió mal esa palabra. Como lo dijo tan sagazmente Louis Armstrong: «Hay personas que si no saben algo, tú no se lo puedes decir».

> *Su actitud hacia el fracaso determina su altitud después de fracasar.*

Estar dispuesto a aprender es una actitud, una disposición mental que dice: «No importa cuánto sé (o creo que sé), puedo aprender de esta situación». Esa forma de pensar puede ayudarle a transformar la adversidad en ventaja. Puede hacer de usted un ganador incluso durante las circunstancias más difíciles. Sydney Harris resume los elementos en una actitud mental favorable a aprender: «Un ganador sabe cuánto le queda por aprender aun cuando los demás piensen que es un experto. Un perdedor quiere que los demás lo consideren un experto antes de haber aprendido lo suficiente para saber cuán poco sabe».

Y el escritor sobre asuntos de negocios Jim Zabloski escribe:

> Contrario a la creencia popular, en el mundo de los negocios yo creo que el fracaso es una necesidad. Si usted no comete errores a lo menos cinco veces en el día, es probable que no esté haciendo lo suficiente. Mientras más hace, más falla. Mientras más falla, más aprende. Mientras más aprende, mejores resultados. Aquí, la palabra operativa es *aprender*. Si usted repite la misma falta dos o tres veces, no está aprendiendo de ella. Debe aprender de sus propios errores y de los errores que los demás han cometido antes de usted.[4]

La capacidad de aprender de los errores tiene importancia no solo en el mundo de los negocios, sino en todos los aspectos de la vida. Si usted vive para aprender, entonces realmente aprenderá a vivir.

CÓMO APRENDER DE SUS FRACASOS Y ERRORES

William Bolitho distingue entre una persona sensata y una tonta: «Lo más importante en la vida no es capitalizar sobre nuestras ganancias. Cualquier tonto puede hacer eso. La cosa realmente importante es sacar ganancia de las pérdidas. Esto requiere ser inteligente; y marca la diferencia entre una persona sensata y una persona tonta».

Cualquiera puede hacer del fracaso un amigo a través de estar dispuesto a aprender y

> *Un ganador sabe cuánto le queda aun por aprender aunque los demás piensen que es un experto. Un perdedor quiere que los demás lo consideren un experto antes de haber aprendido lo suficiente para saber cuán poco sabe.*
>
> —*SYDNEY HARRIS*

usar una estrategia para aprender de los fracasos. Para transformar las pérdidas en ganancias, hágase las siguientes preguntas cada vez que se enfrente a situaciones adversas:

1. ¿Qué causó el fracaso? ¿La situación? ¿Alguna otra persona? ¿Usted?

Usted no puede llegar a saber lo que sabe a menos que haga todo lo que puede para saber dónde estuvo el error. Aquí es donde tiene que empezar. Si no sigue personalizando el fracaso, como lo sugerí en el capítulo tres, entonces será más fácil poner en orden las cosas.

¿Dónde se complicaron las cosas? ¿Estaba usted en una situación que lo llevaba al fracaso? ¿Fue otra persona la que creó el problema? ¿Cometió usted algún error? Cuando algún tiempo después Beck Weathers analizó su experiencia en el monte Everest, vio que había cometido un error que lo había llevado al fracaso. Lo explica así: «Cuando una persona llega tan alto, es víctima de la estupidez de las alturas».

Comience siempre el proceso de aprender tratando de identificar la causa de un problema.

2. ¿Fue lo que sucedió realmente un fracaso o solo fue que me quedé corto?

Hay que definir si lo que sucedió fue realmente un fracaso. Porque lo que usted pudiera estimar como un fracaso, quizás no haya sido más que un intento de cumplir expectativas poco realistas. No es cuestión de si la situación fue creada por usted o por otra persona; si una meta no es realista y usted no la alcanza, eso no es un fracaso.

Para darle una mejor perspectiva sobre esto, permítame contarle una historia que el presidente Reagan contó antes de dejar la Casa Blanca. Es acerca de Alejandro Dumas, autor de *Los Tres Mosqueteros*.

El novelista y un amigo tuvieron una discusión violenta, a consecuencia de lo cual uno retó al otro a duelo. Tanto Dumas como su amigo eran expertos tiradores y temieron que si llevaban adelante el duelo, lo más probable era que los dos murieran. Así es que decidieron que el que sacara la pajilla más corta, ese se dispararía a sí mismo. Le correspondió a Dumas. Con un suspiro, tomó la pistola. Se dirigió a la biblioteca, cerró la puerta tras él dejando afuera a un grupo de preocupados amigos. Después de unos segundos, se oyó el eco de un disparo. Los amigos corrieron al salón donde encontraron a Dumas de pie y con la humeante pistola en su mano.

«Ha ocurrido algo sorprendente», dijo a sus amigos. «Erré».

Cuando usted examine sus problemas, trate de ser como Dumas. No deje que una expectativa irreal lo mate.

> *Un realista es un idealista que ha pasado por el fuego y ha salido purificado. Un escéptico es un idealista que ha pasado por el fuego y ha salido quemado.*
>
> —WARREN WIERSBE

3. ¿Qué elementos están presentes en el fracaso?

Un viejo adagio dice: «Una gema no puede ser pulida sin fricción, ni un hombre perfeccionado sin las pruebas». No importa la clase de fracaso que usted experimente, siempre hay una joya especial de éxito contenida en él. A veces puede ser difícil encontrarla. Pero la descubrirá si está dispuesto a buscarla.

Mi amigo Warren Wiersbe dice: «Un realista es un idealista que ha pasado por el fuego y ha salido purificado. Un escéptico es un idealista que ha pasado por el fuego y ha salido quemado». No deje que el fuego de la adversidad haga de usted un escéptico. Deje que lo purifique.

4. ¿Qué puedo aprender de lo que ocurrió?

Me gusta leer la tira cómica *Peanuts* por Charles Schulz. En una de mis favoritas, Charlie Brown está en la playa construyendo un hermoso castillo de arena. Cuando se pone de pie para admirar su trabajo, de repente lo alcanza una ola y lo deja convertido en un montón de arena suave. Charlie Brown, mirando lo que momentos antes era la creación de la que se sentía orgulloso, dice: «Aquí debe haber una lección, pero no logro saber cuál es».

Esa es la manera en que mucha gente enfrenta la adversidad.

Están tan afectados por las cosas que han ocurrido que se confunden de tal manera que no logran aprender la lección que les ha dejado la experiencia. Pero siempre hay una forma de aprender de los fracasos y errores. El poeta Lord Byron tenía razón cuando dijo: «La adversidad es el primer paso a la verdad».

El empresario de restaurantes Wolfgang Puck, dice: «Aprendí más de los restaurantes que no funcionaron que de aquellos que fueron un éxito». Y de éxito es de lo que él sabe

> *La adversidad es el primer*
> *paso a la verdad.*
> —*LORD BYRON*

bastante. Es dueño de cinco restaurantes en California aclamados por los críticos: Spago, Chinois on Main, Postrio, el Eureka Brewery y Granita. También ha abierto restaurantes en Chicago, Las Vegas y Tokio.

Es difícil dar algunas ideas generales sobre cómo aprender de los errores porque cada situación es diferente. Pero si usted mantiene una actitud receptiva a medida que se acerca al proceso y trata de aprender *todo lo que pueda* sobre qué haría de manera diferente, va a mejorar mucho. Cuando una persona tiene la actitud correcta, cada obstáculo lo hace conocerse mejor.

5. ¿Me siento agradecido por la experiencia?

Una forma de mantener una disposición a aprender es cultivando una actitud de gratitud. Y tal cosa es posible incluso ante grandes desilusiones.

Por ejemplo, el velocista estadounidense Eddie Hart perdió en las Olimpiadas de Munich de 1972 una prueba preliminar para los cien metros planos. Como consecuencia de eso, perdió la oportunidad de ganar una medalla de oro individual. Pero su reacción ante la experiencia fue buena. Dijo: «No todo lo que se quiere se logra. Esa es probablemente la lección más importante que aprendí al perder aquella carrera. En la vida hay ocasiones cuando no se consigue lo que se desea. Hay que aprender a vivir con las derrotas. Y en el atletismo lo son más porque aquí o se gana o se pierde. Antes de poder llegar a ser un buen ganador, es necesario saber cómo perder».

Hart estaba agradecido por la medalla que recibió como miembro del equipo de relevos, y por la lección que le enseñó en cuanto a vivir con las derrotas. Cuando salga usted de una derrota, trate de cultivar un sentido de gratitud similar.

6. ¿Cómo puedo convertir esto en un éxito?

El autor William Marston escribe: «Si hay un solo factor que hace tener éxito en la vida, es la capacidad de obtener dividendos de la derrota. Cada éxito que conozco ha sido alcanzado porque la persona pudo analizar la derrota y beneficiarse de ella en la siguiente oportunidad».

> *Si hay un solo factor que hace tener éxito en la vida, es la capacidad de obtener dividendos de la derrota.*
> —WILLIAM MARSTON

Si hay un solo factor que hace tener éxito en la vida, es la capacidad de obtener dividendos de la derrota.

Es importante establecer cuál fue el error en una situación dada. Pero tomar ese análisis un paso más adelante y ver cómo usarlo en beneficio propio es la verdadera diferencia cuando se trata de transformar el fracaso en victoria. A veces el beneficio viene de aprender algo que ayudará a evitar similares errores en el futuro. Otras veces es un descubrimiento inesperado, tal como el fonógrafo de Edison o la pólvora sin humo de Schönbein. Si está dispuesto a intentarlo, lo más probable es que pueda salvar más de algo valioso de cualquier desastre.

7. ¿Quién podrá ayudarme?

La gente dice que hay dos formas de aprender: Por la experiencia, la cual se obtiene de los errores cometidos; y por la sabiduría, la cual se obtiene de los errores de otros. Recomiendo que hasta donde sea posible, se aprenda de los errores de otros.

Aprender de los fracasos es siempre más fácil con la ayuda de un buen consejero. Después que cometo mis errores garrafales, pido consejo de algunas personas: mi papá, Jack Hayford, Elmer Towns, y mi esposa Margaret, quien siempre está dispuesta a compartir conmigo sus opiniones acerca de mis fracasos.

Es importante buscar consejo de la persona correcta. Oí la historia de un servidor público recién nombrado que estaba instalándose en su nueva oficina. Al sentarse ante su escritorio por primera vez, descubrió que su predecesor le había dejado tres sobres con instrucciones que deberían abrirse únicamente en tiempos de angustia.

No habían pasado muchos días antes que el hombre entrara en conflicto con la prensa, así es que decidió abrir el primer sobre. La nota decía: «Échele la culpa a su predecesor». Y eso fue lo que hizo.

Durante un tiempo todo anduvo bien. Pero unos pocos meses más tarde, de nuevo estaba en problemas, así es que procedió a abrir el segundo sobre. La nota decía: «Reorganícese». Y eso fue lo que hizo.

Eso le permitió disponer de más tiempo. Pero debido a que en realidad nunca había resuelto ninguno de los asuntos que estaban complicándole la vida, volvió a tener problemas, y esta vez, peores que nunca. De modo que, desesperado, abrió el último sobre.

La nota adentro decía: «Vaya preparando tres sobres».

Pida consejos, pero asegúrese que sea de alguien que haya aprendido a manejar sus fracasos *en forma exitosa*.

8. ¿Y de aquí, a dónde vamos?

Una vez que haya pensado bien todo, tiene que decidir cuál será el próximo paso. En su libro *Everyone's a Coach* [Cada uno es un entrenador], Don Shula y Ken Blanchard afirman: «Aprender se define como un cambio en el comportamiento. Usted no habrá aprendido algo, sino hasta cuando pueda ponerse en movimiento y usarlo».

MI PROPIA MONTAÑA PARA ASCENDER

Cuando usted está en condiciones de aprender de cualquiera mala experiencia y luego hacer de eso una experiencia buena, lo que está haciendo es una transición importante en su vida. Durante años he enseñado algo que creo da ideas útiles sobre el tema del cambio:

Las personas cambian cuando...
Sufren tanto que tienen que hacerlo.
Aprenden lo suficiente para desear hacerlo, y
Reciben tanto que están en condiciones de hacerlo.

Yo aprendí la verdad de tal afirmación en un nivel completamente nuevo el 18 de diciembre de 1998. Durante la fiesta de Navidad de mi compañía, sentí un horrible dolor en el pecho y caí a la lona para la cuenta de diez. Había sufrido un serio ataque al corazón. Entre paréntesis, un ataque al corazón es algo leve cuando el ataque lo sufre otro; pero es algo muy serio cuando el del ataque es uno. Sinceramente, no creí que pasaría la noche. Después los médicos me dijeron que si el ataque hubiera sido cuatro años antes, me habría matado. Los cardiólogos no poseían entonces la tecnología que salvó mi vida.

> *Aprender se define como un cambio en el comportamiento. Usted no habrá aprendido algo, sino hasta cuando pueda ponerse en movimiento y usarlo.*
> —*Don Shula y Ken Blanchard*

LO QUE HE GANADO

Mi ataque al corazón fue una experiencia sorpresiva y dolorosa, pero creo que en este proceso Dios fue muy bueno conmigo. Varios excelentes médicos se movieron rápidamente haciendo posible no solo que sobreviviera, sino que evitaron también cualquier daño permanente en el corazón. He aprendido muchas cosas de esto, por ejemplo:

- Cuando trate de decirle a las personas importantes en su vida cuánto los ama, nunca podrá decirlo suficientemente a menudo.

- Creo que mi trabajo sobre la tierra aun no ha terminado y Dios me ha dejado vivir para completarlo.

- Por el bien de mi salud, mi calidad de vida y el impacto que deseo hacer en el futuro, debo cambiar mis hábitos de vida.

Mi cardiólogo, el Dr. Marshall, me dijo que los hombres que sobreviven un ataque al corazón cuando todavía son jóvenes y aprenden de él, viven vidas más largas y saludables que los que nunca sufrieron un ataque al corazón. Yo estoy decidido a aprender de la experiencia. Cambié mi dieta.

Hago ejercicios todos los días y trato de vivir una vida más balanceada. El comentario de Mark Twain es cierto: «La única manera de conservar su salud es comer lo que no le gusta, beber lo que no le agrada y hacer lo que preferiría no hacer».

> *No deje que lo que aprende lo haga más sabio; deje que lo que aprende lo haga más activo.*
>
> —JIM ROHN

Tengo que admitir que esto muchas veces es una lucha, pero estoy perseverando. Mientras escribo esto, ha pasado más de un año del ataque al corazón y no he flaqueado en cuanto a mi dieta y a mi programa de ejercicios. Y no lo voy a hacer. Los cambios que he hecho son permanentes. He tomado muy a pecho el comentario de Jim Rohn: «No deje que lo que aprende lo haga más sabio; deje que lo que aprende lo haga más activo». Yo creo que la acción que estoy llevando a cabo ahora me está capacitando para disfrutar de la compañía de mi esposa, de mis hijos y de mis futuros nietos, y me permitirá continuar con mi misión durante décadas que de otro modo habría perdido.

Usted no necesita sufrir de un ataque al corazón o quedar atrapado en una ventisca en el monte Everest para hacer del fracaso su mejor amigo. Todo lo que tiene que hacer es mantener un corazón dispuesto a aprender y tener ansias de aprender cada vez que falla.

Su duodécimo paso hacia el lado positivo del fracaso:

Aprenda de una mala experiencia y transfórmela en una buena experiencia

Analice un fracaso reciente usando las preguntas esbozadas en el capítulo:

1. ¿Qué causó el fracaso: la situación, otra persona, usted?
2. ¿Fue lo que sucedió realmente un fracaso o solo fue que me quedé corto?
3. ¿Qué elementos están presentes en el fracaso?
4. ¿Qué puedo aprender de lo que ocurrió?
5. ¿Me siento agradecido por la experiencia?
6. ¿Cómo puedo convertir esto en un éxito?
7. ¿Quién podrá ayudarme?
8. ¿Y de aquí, a dónde vamos?

Tómese un tiempo para escribir sus conclusiones, lo que ha aprendido de su análisis y cualquiera acción que necesite tomar para hacer que su fracaso se convierta en un éxito. Comparta sus observaciones con un consejero que pueda ayudarle a decidir si sus conclusiones apuntan en realidad al blanco.

Pasos para encontrar el lado positivo del fracaso:

1. Reconozca que hay una gran diferencia entre las personas mediocres y las que triunfan.

2. Aprenda una nueva definición de *fracaso.*

3. Elimine el «yo» de sus fracasos.

4. Entre en acción y reduzca su miedo.

5. Cambie su reacción ante el fracaso aceptando su responsabilidad.

6. No deje que el fracaso externo se meta dentro de usted.

7. Dígale adiós al ayer.

8. Cambie usted, y su mundo cambiará.

9. Despreocúpese de usted y comience a darse a los demás.

10. Busque el beneficio en cada mala experiencia.

11. Si tiene éxito al primer intento, pruebe algo más difícil.

12. Aprenda de una mala experiencia y transfórmela en una buena experiencia.

Aumente sus posibilidades de éxito

13

Evite las diez mejores razones por las que la gente fracasa

Señor, líbrame del hombre que nunca comete errores, y también del hombre que comete el mismo error dos veces.
—Dr. William Mayo

Yo no pienso mucho en la suerte. Más bien creo que las cosas van bien o no tan bien según la forma en que la gente actúa. La mayoría de las veces uno crea su propia buena suerte a través del trabajo duro, practicar la autodisciplina, ser persistente y hacer del crecimiento personal una prioridad diaria. Agregue a eso las bendiciones de un Dios amoroso y no tendrá que pensar en la suerte.

Sin embargo, hace unos años encontré un artículo publicado en *Los Angeles Times* que casi me hace cambiar de opinión acerca de la suerte. Esto era lo que decía el artículo:

NEW YORK. Chocado, abandonado por su mujer, golpeado en un accidente automovilístico y robado, Lawrence Hanratty fue nombrado el viernes como el hombre menos afortunado de New York.

A punto de electrocutarse en un accidente ocurrido en una construcción en 1984 a raíz de lo cual estuvo en estado de coma durante semanas, Hanratty perdió a los abogados que trataron de conseguirle compensación monetaria por incapacidad. Uno fue expulsado del foro de abogados, dos murieron y el abogado de su esposa se fugó con ella.

El año pasado Hanratty, que ha pasado años luchando con problemas del corazón y del hígado, perdió su carro en un choque. Cuando la policía abandonó la escena del accidente, fue asaltado y robado.

«Yo me pregunto: "¿Cuánto más voy a ser probado en la vida para ver hasta dónde aguanto?"», dijo Hanratty al *New York Daily News* en una descripción de más de 10 años de agonía bajo un encabezado de primera página que dice: «¿Le parece que le va mal en la vida? Conozca a ... Larry el infortunado».

Y como si todo eso hubiera sido poco, Hanratty, de 38 años de edad, vecino de Mt. Vernon, N.Y., dijo que una compañía de seguros quiere ahora dejar de pagarle los beneficios de compensación y el dueño del apartamento que alquila lo quiere echar a la calle.

Deprimido y sufriendo de agorafobia, un temor morboso a los espacios abiertos, Hanratty usa un recipiente de oxígeno y toma 42 píldoras diarias para sus achaques del corazón y del hígado. Pero con la ayuda de los vecinos y de un miembro del gobierno del estado de New York, todavía no se ha dado por vencido.

«Siempre hay esperanza», dice.[1]

Al leer esta historia uno se siente impulsado a buscar al pobre Lawrence para ver si puede ayudarle de alguna manera a salir de esta situación.

Yo creo que las experiencias de Lawrence Hanratty no son típicas de la mayor parte de las personas que están fracasando continuamente o experimentan una adversidad tras otra. ¿Por qué? Porque la mayoría de las veces los problemas que enfrentamos son el resultado de nuestras acciones negativas. Se deben a nuestros propios errores.

LAS DIEZ MANERAS EN QUE LA GENTE TRAZA SU PROPIO CAMINO

Mucha gente tiene puntos ciegos cuando se trata de auto conocerse. A veces tales puntos ciegos tienen que ver con sus cualidades, pero con mayor frecuencia tienen que ver con sus debilidades. Y eso causa problemas. Si usted no sabe que tiene un problema, no podrá hacer algo para superarlo.

En varias de las siguientes páginas, quisiera ponerle al corriente sobre lo que he observado como las diez mejores razones para que la gente falle. Cuando las lea, sea amplio en su actitud y trate de verse usted y sus defectos. Descubra los hechos recurrentes en su vida. Es posible que dé con su talón de Aquiles. A propósito, el Aquiles de la antigua mitología griega fue un guerrero indestructible, excepto en un pequeño punto en su talón. Y aquel pequeño defecto permitió su completa destrucción. Así es como trabajan los defectos, de modo que es mejor que no minimice el daño que puede provocar una debilidad.

1. Pobre capacidad de entender a la gente

El peor obstáculo al éxito que veo en los demás es una pobre capacidad de entender a la gente. No hace mucho, el *Wall Street Journal* publicó un artículo sobre las razones por las que los ejecutivos fallan. Entre las primeras cosas de la lista estaba la incapacidad personal para relacionarse efectivamente con los demás.

Días atrás le estuve hablando a algunas personas que se quejaban de no haber obtenido un contrato que esperaban conseguir. «No fue justo», me dijo uno de ellos. «Todos los que participaron se conocían. Nosotros no teníamos posibilidades. Todo eso es pura política». Pero a lo que esa persona se estaba refiriendo no era a política sino a relaciones.

Las escritoras Carole Hyatt y Linda Gottlieb dicen que las personas que fracasan en el trabajo por lo general citan «actitudes políticas» como las razones para sus fracasos. Pero la realidad es que a lo que ellos llaman política es a menudo nada más y nada menos que una interacción regular con otras personas. Hyatt y Gottlieb afirman:

La mayoría de las actividades incluyen a otras personas. Usted puede tener una gran inteligencia académica y aun así carecer de una falta de inteligencia social, que es la habilidad de ser un buen «escuchador», ser sensible hacia los demás, saber hacer y recibir críticas.

Si usted no le gusta a la gente, entonces es posible que ellos *contribuyan* a su fracaso ... Por otro lado, usted podrá eliminar serios problemas si es inteligente socialmente ... Un error puede realmente *promover* [su] carrera si su jefe piensa que [usted] manejó la situación en una forma madura y responsable.[2]

¿Cómo es usted cuando se refiere a trabajar con otras personas? ¿Es usted genuino y auténtico o está continuamente queriendo ser la estrella? ¿Escucha con atención a los demás, o usted es el único que habla? ¿Espera que los demás se sujeten a sus deseos, sus planes, su agenda, o trata de encontrar la forma para que los demás también tengan la posibilidad de plantear sus deseos?

Si no ha aprendido cómo relacionarse con las personas, siempre estará librando una batalla para triunfar. Sin embargo, aprender a relacionarse

> *El ingrediente más importante en la fórmula del éxito es saber cómo entenderse con la gente.*
> —*THEODORE ROOSEVELT*

con las personas le ayudará más que cualquiera otra habilidad que usted pueda desarrollar. A la gente le gusta hacer negocios con las personas que les son simpáticas. O, como dijo el presidente Theodore Roosevelt: «El ingrediente más importante en la fórmula del éxito es saber cómo entenderse con la gente».

2. Una actitud negativa

Vi una tira cómica que describía a un hombre haciéndose leer las palmas de las manos por una adivina. Después de estudiar las manos del hombre, la mujer dijo:

—Usted será un hombre triste, miserable y pobre hasta que tenga 30 años.

—¡Ajá! —exclamó el hombre, esperanzado. Y agregó— ¿Y a partir de los treinta?

—¡Ya se habrá acostumbrado! —le contestó la adivina.

La forma en que reaccione a las circunstancias de su vida tiene mucho que ver con su bienestar y su éxito. W. Clement Stone cuenta una historia sobre una joven recién casada que viajó con su esposo al desierto de California durante la II Guerra Mundial.

Debido a que ella había crecido en el Este, el desierto le parecía remoto y desolado. Y donde vivían, nada hacía las cosas más fáciles. La única casa que pudieron encontrar fue una choza cerca de una villa de nativos americanos, ninguno de los cuales hablaba inglés. Ella pasaba gran parte del tiempo sola, temiendo asarse con el calor de cada día.

Cuando su esposo se fue por un largo período, ella escribió a su madre para decirle que había decidido volver a casa. Pocos días después, recibió esta respuesta:

> Dos hombres miraban por entre las
> barras de una prisión,
> Uno veía barro, el otro estrellas.

Esas palabras ayudaron a la joven a ver las cosas en una forma diferente. Es posible que no haya podido mejorar las circunstancias, pero sí se podía mejorar ella. Hizo amistades entre los vecinos nativos americanos, empezó a trabajar con ellos hilando y haciendo objetos de barro y se tomó tiempo para explorar el desierto y descubrir su belleza natural. Así, de un día para otro, estaba viviendo en un mundo nuevo. Lo único que había cambiado era su actitud.

Si sus circunstancias insisten en tirarlo hacia abajo, entonces quizás sea tiempo de cambiar, no su situación, pero sí su actitud. Si puede aprender a hacer lo mejor en cualquiera situación, podrá eliminar un tremendo obstáculo que se yergue entre usted y sus sueños.

3. Un mal ajuste

Aunque siempre deberíamos examinar nuestras actitudes cuando no disfrutamos de las circunstancias, a veces se impone un cambio en la situación. En ocasiones, el mayor contribuyente a un fracaso crónico es un pésimo ajuste en las capacidades, intereses, personalidad o valores.

Un buen ejemplo puede verse en la vida del productor de cine David Brown. Comenzó en la corporación América y fue despedido de tres trabajos diferentes antes que se diera cuenta que la vida de las corporaciones no era para él. Después de llegar a Hollywood y ser el número dos en la Twentieth Century Fox, lo despidieron tras haber recomendado una película que resultó ser un fracaso. De ahí pasó a ser vicepresidente editorial de la Biblioteca Nueva América, pero fue despedido después de una pelea que tuvo con un compañero de trabajo. Más tarde fue contratado nuevamente por la Twentieth Century Fox, pero seis años más tarde fue despedido de nuevo, junto con el presidente de la Fox, Richard Zanuck.

Brown examinó su conducta en el trabajo y determinó que su estilo franco y un tanto altanero no se ajustaba en el medio en el cual trabajaba. Tenía demasiado de empresario para trabajar en lugares donde las expectativas eran limitadas. Aunque había fracasado como un ejecutivo colectivo, alcanzó un tremendo éxito cuando desarrolló sus propias ideas con su antiguo jefe, Zanuck. Él y Zanuck produjeron muchas películas muy populares, incluyendo *Jaws,* aquel tremendo éxito de taquilla.

Pocas cosas en la vida son más frustrantes que encontrarse trabajando en una profesión u organización en la que uno no encaja. Es como usar zapatos dos números más grandes o más pequeños. ¿Es usted un vendedor metido a contador? ¿Es usted un ejecutivo de una corporación que estaría mejor en casa criando a los hijos? ¿Es usted un ingeniero que mejor debería estar pastoreando una iglesia? ¿Es usted un empresario trabajando para una organización cuya idea de progreso es ir lentamente hacia atrás? Evalúese en la situación en que se encuentra. Si ve que no está donde le gustaría estar, piense en la posibilidad de un cambio.

4. Falta de enfoque

Las cosas malas ocurren cuando una persona no está enfocada. Déjeme ilustrar este punto con una historia. Un día un hombre de negocios visitó una floristería en un pequeño pueblo para ordenar flores para un amigo que estaba iniciando un negocio. Extrañamente, el dueño de la floristería estaba muy ocupado despachando pedidos cuando tomó la información del hombre de negocios.

Más tarde ese día, el hombre llegó a la inauguración de la tienda de su amigo y vio una gran corona con su nombre, y una cinta que decía: «Con mi más sincera simpatía durante este tiempo de tristeza».

El hombre de negocios se enfureció. Llamó al florista para quejarse:

—¿Qué ha hecho usted, hombre? ¿Se da cuenta lo estúpido que me ha hecho aparecer?

—Lo siento —le dijo el dueño de la floristería—. Me encontraba un poco atareado cuando usted vino. Pero su situación no fue ni la sombra de mala comparada con lo que ocurrió en la funeraria. La cinta allí decía: «Con mis mejores deseos en tu nuevo local».

Cualquiera puede cometer un error cuando las cosas están tumultuosas. Pero las personas que no tienen un buen enfoque tienen problemas no porque estén demasiado ocupadas, sino porque sus prioridades no funcionan bien. Y eso les hace perder su tiempo y sus recursos. Si usted va de tarea en tarea sin hacer ningún progreso, o nunca llega a la meta no obstante los esfuerzos que hace, examine su enfoque. Nadie puede avanzar sin esto.

5. Un compromiso débil

Durante mucho tiempo, se pensó que la apatía era la moda. Pero tal parece que el esfuerzo y el compromiso recuperan su lugar como un estilo de vida. Y eso es bueno, porque sin compromiso no se puede lograr nada que valga la pena. Johann Wolfgang von Goethe se refirió así a la importancia del compromiso: «Mientras la persona no se comprometa, habrá indecisión, inconvenientes e ineficacia constante ... En el momento que uno se compromete ... una corriente completa de acontecimientos brotará de la decisión, poniendo a favor de uno todo tipo de incidentes imprevistos y asistencia material que nadie habría podido generar».

La última vez que fracasó, ¿dejó de insistir por haber fracasado, o fracasó porque dejó de insistir? ¿Cuál era su nivel de compromiso? ¿Puso en la tarea, alma, vida y corazón? ¿Fue a la segunda milla? ¿Puso suficiente de usted para garantizar que estuviera haciendo lo mejor?

Si usted está comprometido, un fracaso no va a significar que nunca va a tener éxito. Solo quiere decir que le va a tomar más tiempo. Comprometerse lo capacitará a seguir insistiendo hasta que alcance sus metas.

6. Falta de voluntad para el cambio

Quizás el enemigo más implacable de los logros, del crecimiento personal y del éxito es la inflexibilidad. Algunas personas parecen seguir tan enamoradas con el pasado que no pueden entenderse con el presente.

No hace mucho, un amigo me mandó «Las diez mejores estrategias para vérselas con un caballo muerto». Me pareció que la lista era para reírse:

1. Compre un látigo más fuerte.
2. Cambie al jinete.
3. Nombre un comité para que estudie el caballo.
4. Nombre un equipo para que reviva el caballo.
5. Envíe un memo diciendo que en realidad el caballo no está muerto.
6. Contrate a un consultor caro para que encuentre «el verdadero problema».
7. Ponga a varios caballos muertos juntos para aumentar la velocidad y la eficiencia.
8. Escriba varias veces la definición estándar de *caballo vivo*.
9. Declare al caballo como el mejor, más rápido y más económico cuando está muerto.
10. Promueva al caballo muerto a una posición más elevada.

Le apuesto a que ha visto cada una de estas «soluciones» aplicadas en su lugar de trabajo. Pero realmente hay sola una manera efectiva de tratar con el problema. Cuando se le muera su caballo, por el amor de Dios, desmóntese.

Una tira cómica de *Calvin y Hobbes* ilustra la manera en que muchos de nosotros percibimos el cambio. Calvin y su amigo el tigre presumido venían bajando un cerro a toda velocidad en el cochecito del niño. Calvin le gritó a Hobbes, que venía tras él:

—Me encanta el cambio.

Sorprendido, Hobbes, le dijo:

—¿Tú, que esta mañana te pusiste furioso cuando mamá puso menos mermelada en tu tostada que ayer?

Calvin enfrentó a Hobbes y le explicó:

—No me has entendido. Me encanta el cambio en otras personas.

Usted no tiene que estar loco por cambiar para tener éxito, pero sí tiene que estar dispuesto a aceptar el cambio. El cambio es un catalítico para el crecimiento personal. Lo saca de la rutina, le da un nuevo comienzo y le provee de una oportunidad para reevaluar el rumbo que lleva. Si se resiste al cambio, en realidad se está resistiendo al éxito. Aprenda a ser flexible o aprenda como vivir con sus fracasos.

> *El denominador común del éxito radica en formarse el hábito de hacer cosas que a los que fracasan no les gusta hacer.*
>
> —ALBERT GRAY

7. Una actitud del menor esfuerzo

Un obstáculo bastante común para tener éxito es el deseo de cortar camino y tomar la vía más corta para lograrlo. Pero a la larga, esta actitud no paga bien. Como dijo Napoleón, la victoria pertenece a los que más perseveran.

La mayoría de la gente tiende a subestimar el tiempo que demanda alcanzar algo que valga la pena, pero para alcanzar el éxito, la persona tiene que estar dispuesta a pagar el precio. James Watt pasó veinte años trabajando para perfeccionar su motor de vapor. William Harvey trabajó noche y día durante ocho años para probar cómo la sangre circula por el cuerpo humano. Y fueron necesarios otros veinticinco años para que la profesión médica reconociera que estaba en lo cierto.

Acortar camino es en realidad una señal de impaciencia y una autodisciplina muy pobre. Pero si está dispuesto a seguir adelante, podrá abrir camino allí donde no haya. Es lo que Albert Grey dice: «El común denominador del éxito está en formar el hábito de hacer cosas que a los fracasados no les gusta hacer».

Si usted acostumbra a rendirse ante sus estado de ánimo o sus impulsos, entonces necesita cambiar su actitud ante las cosas que hay que hacer. El mejor método es fijarse normas que *demanden* responsabilidad. Soportar las consecuencias por algún error le ayudará a mantenerse en movimiento hacia adelante. Una vez que haya fijado las nuevas normas, trabaje según ellas, no según su estado de ánimo. Eso lo mantendrá en la dirección correcta.

La autodisciplina es una cualidad que se obtiene a través de la práctica. El sicólogo Joseph Mancusi ha dicho: «Las personas verdaderamente exitosas han aprendido a hacer lo que no surge en forma natural. El verdadero éxito descansa en experimentar miedo o aversión y actuar a pesar de eso».

8. Confiar solo en el talento

El talento es sobre estimado, no porque no tenga valor, sino porque el talento solo no es suficiente para llevar a una persona a través de múltiples fracasos que trae la vida. Acompañado de una sólida ética de trabajo, el talento se esparce como la gasolina en un fuego. ¡Es explosivo!

Los grandes artistas entendieron esto, aunque algunos que no son artistas creen erróneamente que basta con el talento para triunfar. David Bayles y Ted Orland dicen:

En el mejor de los casos, el talento se mantiene igual, y los que descansan solo sobre este don sin desarrollarlo alcanzan la fama rápidamente y pronto caen en la oscuridad. Ejemplos de genios no hacen otra cosa que acentuar esta verdad. A los periódicos les encanta publicar historias de un prodigio musical de cinco años de edad que da un recital solo, pero muy raramente se lee de alguien que llegará a ser como Mozart. El punto aquí es que cualquiera que haya sido su don inicial, Mozart fue un artista que también aprendió a trabajar en sus obras y, por lo tanto, mejoró. En ese sentido él es como cualquiera de nosotros.[3]

Mientras más grande es su talento, más probabilidades hay que usted descanse fuertemente en él y evite el trabajo de cada día por perfeccionarlo. Si usted posee esta tendencia, póngase en un plan de crecimiento en el sentido de tratar de esforzarse al máximo con el talento que le ha dado Dios.

9. Una reacción a una información deficiente

Los ejecutivos exitosos tienen en común la capacidad de hacer decisiones importantes basadas en una cantidad limitada de información. Pero ellos también tienen en común la capacidad de reunir información confiable para usarla cuando evalúan cada caso. El general Douglas MacArthur sabía de esto. Por eso dijo: «Solo un cinco por ciento de un informe de inteligencia es verdadero. Saber aislar ese cinco por ciento es lo que hace a un buen comandante».

A medida que el ritmo de la vida y los negocios crecen, la dificultad de ser capaz de conseguir y evaluar información también aumentará. En realidad, el famoso libro de Bill Gates *Business @ the Speed of Thought* [El negocio y la velocidad del pensamiento] lo escribió específicamente para tratar este asunto.

Un ejemplo de cómo pueden hacerse decisiones equivocadas cuando la información no es suficiente lo es la compra de la compañía fabricante del automóvil Rolls-Royce. La Vokswagen y la BMW lucharon para comprarla a sus dueños, Vickers PLC. La batalla la ganó la Volkswagen pagando 780 millones de dólares por la compañía que fabrica ese auto tan lujoso. Pero después que la compra finalizó, el comprador hizo un descubrimiento terrible. La Volkswagen era dueña de la compañía, pero no de los derechos sobre el nombre Rolls-Royce, que identifica a este lujoso automóvil en todo el mundo. La licencia para el nombre, se supo, pertenecía a otra compañía, la Rolls-Royce PLC, una compañía aeroespacial. Y peor aún, Rolls-Royce PLC tenía vínculos con la BMW. ¿Se imagina quién recibió permiso para usar el nombre? Pensó bien: la BMW, no la Volkswagen. Y todo eso ocurrió por la pobre información que se reunió.

10. *Ausencia de metas*

La última causa importante del fracaso es la ausencia de metas. Don Marquis percibe que «vivimos en un mundo donde la gente no sabe lo que quiere y es capaz de ir hasta el mismísimo infierno para tratar de conseguirlo».

Joe L. Griffith cree que «una meta no es más que un sueño con un tiempo límite». Muchas personas no tienen metas porque no sueñan. Como resultado, no tienen un deseo. Si esto lo describe a usted, entonces debe mirar bien dentro de usted y tratar de determinar por qué está en este planeta. Una vez que lo haya descubierto, sabrá a qué tirarle. (Analizaremos más este asunto en el siguiente capítulo.)

> *Vivimos en un mundo donde la gente no sabe lo que quiere y es capaz de ir al mismísimo infierno para tratar de conseguirlo.*
>
> —DON MARQUIS

Si puede descubrir la debilidad que lo debilita, entonces puede comenzar haciendo algo al respecto. Y eso puede cambiarle la vida. Yo he visto este cambio una vez tras otra en personas que desean triunfar. Déjeme contarle de uno de ellos.

PONER EL PROPÓSITO ANTES QUE LAS PERSONAS

Una de las personas en las que más confío en el Grupo INJOY es en mi buen amigo Dan Reiland. Él y yo hemos trabajado juntos por diecisiete años. Durante más de una década, Dan fue mi mano derecha en la iglesia Skyline, sirviendo como mi pastor ejecutivo. Sin él, no habría podido tener éxito. Cuando renuncié al pastorado para dedicarme a dirigir el Grupo INJOY a tiempo completo, lo traje conmigo. Hoy día, es el vicepresidente de desarrollo de liderazgo y crecimiento de la iglesia en INJOY.

Decir que Dan es un impulsador de propósitos nato es subestimarlo. Es altamente organizado y cuando va detrás de una meta, lo hace con exageración. Cuando lo conocí, si hubiera levantado su maletín y se hubiera roto y abierto, el contenido habría caído en orden alfabético. Pero como ocurre con muchas personas, la fortaleza de Dan fue también su debilidad. Déjenme decirles que debido a que era un impulsador de propósitos, no era el tipo más simpático con quien alguien podía relacionarse.

DERECHO AL TRABAJO

Inicialmente, Dan tenía la posición de interno. Recuerdo un día, poco después que había comenzado a trabajar, que yo estaba en el vestíbulo del edificio de nuestras oficinas conversando con un grupo de personas. Dan entró desde el estacionamiento con su bien cuidado maletín. Caminó directamente hacia donde estaba el grupo y pasando por nuestro lado sin decir una palabra se dirigió a su oficina.

Me excusé ante el grupo y lo seguí. Dan puso su maletín sobre el escritorio, y cuando se volvió, se sorprendió de verme ahí, de pie tras él.

—Dan —le dije—, ¿qué te pasa? Pasaste por el lado de nosotros y no nos dijiste nada.

—Tengo mucho trabajo que hacer —respondió Dan, sacando un montón de papeles de su maletín.

—Dan —le dije, mirándolo a los ojos porque quería que entendiera que la gente viene primero a un líder—. Pasaste precisamente por el lado de tu trabajo.

CAMBIOS

Al año siguiente, Dan y yo trabajamos juntos. Lo preparé en el área de habilidades de las personas. Dan trabajó especialmente duro. Estaba decidido a mejorar. Y déjenme decirles que cada año era mejor. Hoy día, si usted conociera a Dan, diría que su capacidad para trabajar con personas es un don natural de tan bueno que es. Actualmente es uno de los líderes pastorales más educados en el país. Y si tengo un trabajo complicado que requiere de alguien con habilidades excepcionales para tratar con la gente, ¿sabe usted a quién tengo en mi corta lista de posibilidades? A Dan. Y esto ha llegado a ser posible gracias a su disposición de crecer y cambiar. Ha tomado una debilidad y la ha transformado en algo potente.

Si usted quiere sobreponerse al fracaso y alcanzar éxitos duraderos, entonces necesita estar dispuesto a hacer lo mismo. Trabaje en las debilidades que lo debilitan y no hay ni qué decir cuán lejos podrá llegar.

---

*Su paso decimotercero hacia
el lado positivo del fracaso:*

Trabaje sobre las debilidades que lo debilitan

Todos tenemos debilidades. Revise las diez razones principales por las que la gente falla y determine si necesita trabajar en algunas de esas áreas. (O quizás usted tenga otras razones que no aparecen en esta lista.)

Comience mejorándose usted mismo hablando con un amigo de confianza. Pídale que lo evalúe en su área débil. Luego póngase en un plano de crecimiento para transformar la debilidad en fuerza. El plan debe incluir leer libros, asistir a clases o seminarios o encontrar un mentor. Decídase a poner su plan en marcha y llévelo adelante por *un año*.

Al final de ese tiempo, vuelva donde su amigo que le hizo la evaluación y pídale que evalúe su progreso. Si aún necesita mejorar más, inicie una segunda fase de crecimiento, siguiéndola todo lo que sea necesario para mantenerse creciendo.

Pasos para encontrar el lado positivo del fracaso:

1. Reconozca que hay una gran diferencia entre las personas mediocres y las que triunfan.

2. Aprenda una nueva definición de *fracaso*.

3. Elimine el «yo» de sus fracasos.

4. Entre en acción y reduzca su miedo.

5. Cambie su reacción ante el fracaso aceptando su responsabilidad.

6. No deje que el fracaso externo se meta dentro de usted.

7. Dígale adiós al ayer.

8. Cambie usted, y su mundo cambiará.

9. Despreocúpese de usted y comience a darse a los demás.

10. Busque el beneficio en cada mala experiencia.

11. Si tiene éxito al primer intento, pruebe algo más difícil.

12. Aprenda de una mala experiencia y transfórmela en una buena experiencia.

13. Trabaje sobre las debilidades que lo debilitan.

14

La pequeña diferencia entre fracaso y éxito hace una gran diferencia

No hay fracaso sino falta de persistencia.
No hay derrota que no sea interior. No hay barreras infranqueables
salvo nuestra propia debilidad de propósitos.

—KEN HUBBARD

La mayor parte de la gente ineficaz cree que hay un verdadero abismo entre ellos y el éxito. Muy dentro de ellos creen que nunca podrán pasar al otro lado y hacer sus sueños realidad. Pero quisiera decirle un pequeño secreto. No hay mucha diferencia entre el fracaso y el éxito, y la pequeña diferencia hace una gran diferencia. ¿Qué crea la diferencia? Déjeme contarle una historia y podrá ver qué es lo que hace la diferencia.

EL COMIENZO DE UNA BATALLA CUESTA ARRIBA

Supongo que todos en los Estados Unidos han oído de Macy's, la tienda por departamentos, gracias a su famoso desfile del Día de Acción de Gracias y a la película *Miracle on 34ᵗʰ Street [Milagro en la calle 34]*. Pero muy pocos saben del hombre que fundó la tienda en 1858. Su nombre era R. H. Macy.

Hijo de un capitán de barco, Macy nació en Nantucket en un tiempo cuando la pesca de la ballena era el gran negocio. Su primer trabajo, a los quince años, fue en un barco ballenero. Pasó allí cuatro años y recorrió el mundo, viajando hasta Nueva Zelanda. Cuando regresó a los Estados Unidos con el dinero que había ganado, que ascendía a $500, decidió decirle adiós para siempre al mar. Trabajó en varias cosas hasta que entró a una imprenta como aprendiz. Allí duró solamente seis meses. Sus ambiciones eran mayores que lo que le ofrecía la imprenta.

UNA VENTURA EN EL COMERCIO AL DETALLE

Así fue como decidió aventurarse en el comercio al detalle. Con el dinero que había ahorrado de su tiempo como marinero, abrió en Boston una pequeña tienda de hilos y agujas. Tenía grandes esperanzas y aunque trabajó duro y en forma honrada, el negocio fracasó en el curso de un año.

Al año siguiente, Macy intentó de nuevo. Su segunda tienda era de artículos secos, principalmente productos europeos comprados en remates. De nuevo trabajó duro y de nuevo fracasó. Al siguiente año, decidió trabajar con su cuñado, Samuel S. Houghton, quien llegó posteriormente a fundar Houghton y Dutton, en Boston. Trabajó con él y aprendió mucho, pero después de un año, decidió que necesitaba un cambio.

¿SE VA PARA EL OESTE, JOVEN?

R. H. Macy y su hermano Charles habían oído de la fiebre del oro en California, de modo que decidieron irse al oeste y entrar en el negocio de la minería. Aunque no lograron hacerse ricos de la noche a la mañana, muy pronto se dieron cuenta que podrían hacer dinero vendiendo mercadería a los mineros. Junto con otros dos socios, abrieron en Marysville, un pueblo al norte de Sacramento, la tienda Macy y Compañía. Les fue muy bien hasta que el oro se terminó y los mineros abandonaron la región. Entonces vendieron el negocio a un competidor y volvieron al este.

La siguiente aventura de Macy fue una tienda de productos no perecibles en Haverhill, Massachusetts, un pueblo al norte de Boston. De cada negocio que había tenido había aprendido un poco, por eso estaba tratando de formular una filosofía única de comercio. En esta nueva tienda, Macy introdujo las innovaciones que más tarde habrían de ser su sello personal, vender a un precio fijo mientras otras tiendas regateaban, comprando y vendiendo solo al contado y haciendo gran publicidad. Él escribió y diseñó su propia publicidad, aprovechando la experiencia que había adquirido en la imprenta.

Desdichadamente, tampoco pudo triunfar en este negocio y tuvo que cerrarlo. Pese a todo, no se sentía derrotado. Al año siguiente, abrió otra tienda y vendió mercadería a los precios más bajos del pueblo. Pero a pesar de sus innovaciones, su publicidad bien desarrollada y su trabajo duro, tampoco triunfó esta vez. Después de tres años de luchas en un pueblo relativamente pequeño, se declaró en bancarrota.

SE NECESITA UN CAMBIO

Entonces Macy decidió salir del comercio al detalle. Durante un tiempo trabajó como corredor de bolsa y luego como corredor de propiedades. Se mudó a Wisconsin en busca de su oportunidad, pero un pánico financiero que se desató ese año hizo añicos sus esperanzas de hacer algo grande.

A pesar de los tiempos difíciles, logró algunos éxitos modestos lo que le permitió ahorrar algo de dinero. Con la gran oportunidad de Wisconsin por los suelos, Macy se encontró con un amigo quien lo convenció que hiciera un nuevo intento en la venta al detalle. Otra vez se dirigió al oeste.

Hasta ahora había hecho seis intentos: cazador de ballenas, trabajador de imprenta, comerciante al detalle, minero, corredor de bolsa y corredor de propiedades. Y este sería su *séptimo* intento en el comercio al detalle. Era como para sentirse agotado, pero no tenía más que treinta y cinco años de edad.

Decidió probar suerte en Manhattan. Y ahí las cosas resultaron muy diferentes. Incluso por ese entonces, Nueva York era la ciudad más populosa de los Estados Unidos. Con sus novecientos cincuenta mil habitantes era cien veces más grande que el área de Haverhill. Y seguía creciendo. En 1858, R.H. Macy abrió una atractiva tienda al detalle. Después de solo doce meses, estaba logrando ventas brutas anuales de $80,000. Por los años de 1870, el promedio de ventas era superior al millón de dólares anuales.

R.H. MACY, EL PADRE DEL COMERCIO AL DETALLE

A medida que iba creciendo el negocio, Macy fue revolucionando el comercio al detalle. Se le reconocen numerosas innovaciones:

- Inventor del concepto de las modernas tiendas por departamentos

- Hizo de los precios fijos una norma en lugar de la política del regateo

- Compra y venta en volumen para poder ofrecer precios bajos a los clientes

- Lanzó la moderna publicidad para el comercio al detalle

- Nombró a la primera mujer como ejecutiva en toda la historia de las tiendas al detalle

En 1877, Macy murió en Europa donde se encontraba para comprar mercadería. Sin embargo, su negocio lo sobrevivió y siguió brindando innovaciones en el comercio al detalle. Hoy día, la compañía sirve a su clientela en ciento noventa y una tiendas Macy's. Estas tiendas existen gracias a un hombre que rehusó darse por vencido.

EL PODER DE LA PERSISTENCIA

Como seguramente usted supondrá, la cualidad que llevó a Macy adelante fracaso tras fracaso una y otra vez, fue la persistencia. Esa es la pequeña diferencia que hace una gran diferencia cuando se insiste en transformar los fracasos en victoria. Separa a los que logran el éxito de los que siguen soñando con alcanzarlo.

> *Más que cualquiera otra cosa, lo que hace que una persona siga adelante en medio de la adversidad es un claro sentido de propósito. Es el combustible que da poder a la persistencia.*

Ningún logro que valga la pena se consigue fácilmente. La única manera de salir adelante y hacer realidad los sueños es cultivar tenacidad y persistencia. Es posible aprender estas cualidades desarrollando, en parte, el hábito de seguir adelante con nuestros compromisos cuando sentimos ganas de parar. Pero para empezar a cultivar estas cualidades se necesita una estrategia. Y esto es, precisamente, lo que le quiero dar ahora. Un plan de cuatro puntos para intentar el éxito que le activará la energía y la tenacidad cuando se enfrente al fracaso.

1. Propósito: Tenga uno

Más que cualquiera otra cosa, lo que hace que la persona siga avanzando en medio de la adversidad es un claro sentido de propósito. Es el combustible que da poder a la resistencia.

El consultor de negocios Paul Stoltz hizo un estudio extenso sobre lo que hace que las personas persistan en medio del desaliento. Según Stoltz, el ingrediente más importante de persistencia es el siguiente:

Identifique la montaña, su propósito en la vida, entonces todo lo que usted haga tendrá sentido. Yo me muevo todos los días entre personas que está básicamente ascendiendo a la montaña equivocada. Personas que han pasado veinte años o más de su vida haciendo algo que no ha tenido para ellos un sen-

> *Recuerde siempre que su resolución para triunfar es más importante que cualquiera otra cosa.*
> —*ABRAHAM LINCOLN*

tido profundo. De pronto, miran atrás y dicen: «¿Qué he estado haciendo?»

Si usted es por naturaleza una persona que se plantea propósitos, entonces es probable que ya posea un sentido innato de dirección que le ayudará a vencer la adversidad. Pero si no es así, entonces es muy probable que necesite ayuda. Use los siguientes pasos para que le ayuden a *desarrollar un deseo*.

- Relaciónese con personas que posean un gran deseo.

- Desarrolle indisposición hacia el status quo.

- Busque una meta que lo estimule.

- Ponga lo más precioso que tenga en alcanzar esa meta.

- Imagínese disfrutando de la recompensa de haber alcanzado esa meta.

Si sigue esta estrategia, es probable que no dé inmediatamente con el propósito deseado, pero a lo menos empezará a moverse en esa dirección. Y eso es importante. Como dijo Abraham Lincoln: «Recuerde siempre que su resolución para triunfar es más importante que cualquiera otra cosa». Esa resolución viene de un sentido de propósito.

2. Excusas: Elimínelas

George Washington Carver, científico en agricultura, dijo: «El noventa y nueve por ciento de los fracasos vienen de personas habituadas a dar excusas». El solo desearlo no lo llevará a usted a través de sus fracasos. Tiene que olvidarse de dar excusas y seguir adelante, como lo hizo R. H. Macy.

Hace poco, leí la historia de Dean Rhodes, un hombre que perdió una oportunidad tras otra. Pero no dio excusas por sus deficiencias ni se lamentó por lo que pudo haber sido. Se mantuvo yendo hacia adelante. Esto es lo que quiero decir. Rhodes conoció a Dave Thomas mucho antes que el gran empresario de restaurantes abriera su primer

Wendy's. Rhodes admitió que él siempre supo que el joven Thomas «algún día haría algo grande». Pero se le dio la oportunidad para que invirtiera en Wendy's, y no quiso hacerlo.

Más tarde, Rhodes conoció al coronel Sanders y tuvo la oportunidad de comprar acciones en su compañía antes que fuera nacional. Pero no quiso hacerlo porque no estaba de acuerdo con algunas de las ideas del coronel.

Cuando Rhodes entró en el negocio de equipos para restaurantes, a menudo tenía en su oficina vendedores que trataban de venderle algunas de sus maquinarias. Uno de ellos fue Ray Kroc. Rhodes admitió que Kroc era una persona simpática. Sin embargo, no quiso invertir en el pequeño puesto de venta de hamburguesas llamado McDonald's.

Unos pocos años más tarde, en un crucero, conoció a un abogado del noroeste del Pacífico quien le sugirió que invirtiera en la compañía de computación de su hijo. Tenía un nombre divertido: Microsoft. Rhodes no quiso hacerlo.

> *El esfuerzo solo libera plenamente sus recompensas después que una persona rehúsa abandonar».*
> —*NAPOLEÓN HILL*

La mayoría de la gente se tiraría de los pelos y se lamentaría por haber desperdiciado aunque hubiera sido una de estas oportunidades, presentando excusas por no haberlo hecho. Pero no Rhodes. Él vio sus errores como lo que eran y se concentró en tratar de hacer realidad sus propios sueños y oportunidades. Finalmente, vio su nombre en el número doscientos ochenta y nueve en la lista *Forbes* de los cuatro cientos dueños de negocios con más éxito en los Estados Unidos.

No importa la cantidad de oportunidades que usted haya perdido o los errores que haya cometido, no vuelva a dar excusas. Asuma plena responsabilidad por sus actos y siga intentándolo.

3. Incentivos: Desarrolle algunos

Nada mantiene más a una persona persistiendo en algo que un

buen incentivo. Esta es la razón del porqué algunas empresas usan con sus empleados esta estrategia. Walter Elliot dijo: «La perseverancia no es una carrera de larga distancia; son muchas carreras cortas, una después de la otra». Si usted se da buenos incentivos para ganar las carreras cortas, alcanzar una meta de largo alcance le parecerá menos inalcanzable.

Mientras desarrolla incentivos, recuerde esto:

- Recompénsese solo *después* que haya alcanzado su meta.

- Divida el proceso en etapas para multiplicar las recompensas.

- Incluya a otras personas que aumenten la responsabilidad y hagan los logros más agradables.

Lo que usted decida usar como incentivos es cosa suya. Pero procure que el incentivo tenga alguna relación con la meta. Así como un padre no va a premiar a su hijo con un viaje a Disneylandia por haberse comido toda la sopa, no establezca recompensas demasiado grandes para pequeños objetivos. De otra manera, va a socavar su deseo de seguir adelante.

4. Determinación: Cultívela

El escritor Napoleón Hill dijo: «El esfuerzo solo libera plenamente sus recompensas después que una persona rehúsa abandonar». Para desarrollar persistencia de largo aliento hay que cultivar una determinación interior sobre una base de continuidad. Y si lo hace, algún día su historia quizás sea similar a una de estas:

El almirante Peary trató de alcanzar el Polo Norte siete veces antes de lograrlo en el intento número ocho.

Oscar Hammerstein tuvo cinco espectáculos fracasados que duraron todos juntos menos de seis semanas antes de *Oklahoma*, que se mantuvo en cartelera durante doscientos sesenta y nueve semanas con un ingreso bruto de siete millones de dólares.

John Creasey recibió setecientos cuarenta y tres rechazos antes que se publicara una palabra escrita por él. Finalmente publicó quinientos sesenta libros de los cuales se han vendido más de sesenta millones de ejemplares.

Eddy Arcaro perdió doscientos cincuenta carreras consecutivas antes de ganar la primera.

Albert Einstein, Edgar Allan Poe y John Shelley fueron todos expulsados de sus escuelas por morosos.

Aprenda a ser una persona con determinación. Inspírese en historias de personas que han tratado, que han fallado, pero que se han mantenido en la lucha. Y recuerde que solo la diferencia entre un pequeño tiro y un gran tiro es que el pequeño tiro se mantiene tirando.

UNA SORPRESA EN NAVIDAD

Siempre he asociado la persistencia con alguien que conocí en San Diego hace unos diez años mientras era el pastor principal de la iglesia Skyline. La primera vez lo vi en una actuación de nuestro programa navideño. Aquellas actuaciones eran siempre acontecimientos importantes. Cada año hacíamos veinticuatro actuaciones durante tres semanas a audiencias que totalizaban más de veinte mil personas.

Mientras permanecía tras el escenario hablando con algunos de los cantantes y actores antes de la actuación, los oí animadísimos hablándose unos a otros.

«Orval está aquí. Orval está entre la audiencia», pude oírlos diciendo. Pensé que aquello era bello. Orval Butcher fue el pastor fundador de Skyline, y yo me sentí feliz ver a la gente tan contenta y decidida a hacer las cosas bien porque él estaba ahí.

Cuando salí al escenario para agradecer a los presentes por su asistencia a nuestro espectáculo, vi a alguien sentado en la primera fila. Era un hombre alto, delgado, con un ondulante cabello gris, anteojos sujetos por un cordón y una corbata roja de lazo. Entonces caí en la cuenta que no habían estado hablando de Orval Butcher, sino de Orville Redenbacher. Este era el que se encontraba en la audiencia.

NUNCA CREERÍAS QUE ES ÉL, EN PERSONA

Con el paso de los años llegué a conocer a Orville Redenbacher. Era brillante y alegre, tal como parecía ser cuando aparecía en los comerciales de televisión. Pero también era generoso. Unas dos veces en el año, un camión se estacionaba frente a mi casa y el chofer se bajaba y empezaba a descargar cajas de palomitas de maíz para mí y mi familia. Era un regalo de Orville.

La mayoría de la gente que vio a Orville Redenbacher en la televisión pensaba que se trataba de un actor representando a un hombre de negocios. Se veía tan peculiar que la gente asumía que su persona era un personaje inventado. La revista *Adweek* lo describió como un vejete de talante grave como si siempre hubiese sido un cuidador de jovencitas. Pero él era el original, el artículo genuino. Él personalmente desarrolló las palomitas de maíz que vendía y cómo lo hizo bien merece un estudio a la persistencia.

UN NIÑO CAMPESINO DE INDIANA

Redenbacher nació en 1907 en una finca en Jackson Township, unas pocas millas al sur de Brazil, Indiana. A los doce años, empezó a producir palomitas de maíz además de sus numerosas otras tareas. Con el tiempo, aquella cosecha adicional le produjo $150 al mes, la mayor parte de lo cual separó para cuando fuera a la universidad.

En 1924, se graduó de la secundaria. Era la primera persona en la familia que lo lograba. Tuvo la oportunidad de ir a West Point pero prefirió Purdue. Su ambición era llegar a ser un agente del condado. Los tiempos que corrían eran duros, y viniendo de una familia campesina se suponía que no disponía de mucho dinero. Así es que Redenbacher trabajó duro e hizo un montón de trabajos peculiares para la universidad en el departamento de agricultura, incluyendo algunos experimentos con palomitas de maíz híbrido. Muchas veces pensó en darse por vencido, pero siempre perseveró. En una carta a su prometida, escribió por qué no se había dejado derrotar:

> Primero, siempre quise que mis hijos supieran que su papá era un graduado de la universidad ... Segundo, tenía miedo que al volver a casa, la gente pensara que no había sido capaz y la tercera razón fue porque había dicho a los míos que iba a la universidad ... Los dos primeros veranos volví a casa con toda la intención de no seguir, pero estas otras cosas hicieron que cada otoño volviera a Purdue.

En 1928, recibió su título en agricultura.

NUEVAS OPORTUNIDADES

El primer trabajo que tuvo Redenbacher fue el de profesor. Pero al año siguiente llegó a ser un agente del condado, trabajo en el que permaneció hasta 1940 cuando recibió una oferta de la Compañía Minera Princeton para que administrara sus recientemente adquiridas Haciendas Princeton. Con sus doce mil acres, era la finca más grande en Indiana. Allí de nuevo experimentó con maíz híbrido.

Durante diez años Redenbacher trabajó para Princeton y alcanzó gran éxito. Pero en 1950, él y su amigo Charlie Bowman decidieron entrar juntos en el negocio y compraron la compañía de semillas George F. Chester & Son. De nuevo, Redenbacher alcanzó un tremendo éxito y, de nuevo, pasó gran parte de su tiempo desarrollando su híbrido. Para darle una idea de la magnitud de esa tarea, lea las palabras de su nieto, Gary Redenbacher:

> Mi abuelo fue un trabajador incansable. El esfuerzo que necesitó para producir el maíz híbrido fue suficiente trabajo para toda una vida. Los que han tratado con la hibridación de una rosa o cualquiera otra planta saben que es algo que demanda determinación y tiempo. Yo le digo a la gente que se imagine dentro de un estadio de fútbol lleno de fanáticos. Que se imagine que cada fanático es una planta de maíz. Su tarea es ir a cada mata de maíz y polinizarla una

por una. Pero como un estadio tiene capacidad para unas cincuenta mil personas, se necesitarían tres estadios repletos antes de haber polinizado la cantidad de plantas que el abuelo polinizaba *cada año* ... A través de estas decenas de miles de híbridos, el abuelo nunca perdió de vista su meta: Producir palomitas de maíz de la mejor calidad. (Énfasis agregado.)

¿ÉXITO AL FIN?

Finalmente, en 1965, Redenbacher perfeccionó su maíz híbrido. Consiguió una palomita de maíz que superó a cualquiera otra variedad en volumen, salto y sabor. Pero su batalla aun no había terminado. Le tomó otros diez años hacer de sus palomitas de maíz las más vendidas en todo el mundo. Y ahí fue cuando él y Charlie Bowman vendieron la marca a Hunt-Wesson Foods.

Habría sido fácil para Redenbacher abandonar su búsqueda de un maíz perfecto. No tuvo éxito en el mercado sino hasta que tenía sesenta y siete años de edad. Pero tenía un sueño y decisión de alcanzarlo. Y no se daría por vencido. Cuando le preguntaban sobre su filosofía, él decía: «He seguido los principios clásicos caseros. Nunca digas morir. Nunca te des por satisfecho. Sé tenaz. Sé persistente. La integridad es una obligación. Cualquiera cosa que valga la pena es digna de que se trabaje esforzadamente por conseguirla. ¿Suena demasiado anticuado? Sinceramente, eso es todo lo que hay que hacer. No hay fórmulas mágicas».[2]

Si usted desea tener éxito, acepte que no hay mucha diferencia entre éxito y fracaso. Si está dispuesto a ser tenazmente persistente, usted puede ser un triunfador.

*Su paso decimocuarto hacia el lado positivo
del fracaso:*

Entienda que no hay mucha diferencia entre fracaso y éxito

Escriba a continuación su sueño y por qué quiere alcanzarlo. Luego haga una lista de todas las cosas por las que está dispuesto a pasar para hacer su sueño realidad. Trate de pensar en todo aquello que pudiera ser un error al buscar el cumplimiento de su sueño.

Si lo hace, se estará preparando mentalmente para enfrentar los problemas que habrán de venir. Y esto le ayudará a ser más persistente.

Pasos para encontrar el lado positivo del fracaso:

1. Reconozca que hay una gran diferencia entre las personas mediocres y las que triunfan.

2. Aprenda una nueva definición de *fracaso*.

3. Elimine el «yo» de sus fracasos.

4. Entre en acción y reduzca su miedo.

5. Cambie su reacción ante el fracaso aceptando su responsabilidad.

6. No deje que el fracaso externo se meta dentro de usted.

7. Dígale adiós al ayer.

8. Cambie usted, y su mundo cambiará.

9. Despreocúpese de usted y comience a darse a los demás.

10. Busque el beneficio en cada mala experiencia.

11. Si tiene éxito al primer intento, pruebe algo más difícil.

12. Aprenda de una mala experiencia y transfórmela en una buena experiencia.

13. Trabaje sobre las debilidades que lo debilitan.

14. Entienda que no hay mucha diferencia entre fracaso y éxito.

15

Lo que cuenta es lo que hace después de volverse a levantar

Experiencia no es lo que le ocurre. Experiencia es lo que usted gana con lo que le ocurre.
—*ALDOUS HUXLEY*

Quizás usted conozca este dicho del presidente Calvin Coolidge, citado frecuentemente por Ray Kroc, fundador de McDonald's:

No hay nada en el mundo que pueda tomar el lugar de la persistencia. No lo puede hacer el talento; nada es más común que hombres con talento fracasados. Tampoco la calidad del genio de la persona; un genio sin recompensa es casi proverbial. Ni la educación; el mundo está lleno de educados relegados. Solo la persistencia y la determinación son omnipotentes.

Bueno, lamento tener que disentir de esta afirmación. La persistencia es importante, pero no es la *única* clave para el éxito. Para mí, se necesita persistencia y algo más. Es como el viejo dicho acerca de los boxeadores. Un campeón es el boxeador que se para una vez más de las que es tirado a la lona. Si eso es todo lo que tiene que hacer, finalmente ganará pero no sin antes quedar con el cerebro hecho papilla. ¿Quién quiere eso? Es mucho mejor si solo necesita levantarse de la lona solamente unas pocas veces. ¡Y eso lo logrará en la medida que encuentre la forma de noquear a su oponente!

No le fue bien en el negocio, pero...

Es lo que, en cierto sentido, le ocurrió a Milton Bradley. No tardó mucho en idear qué hacer con tal de no seguir yendo hacia abajo. A los veinte años de edad se inició como dibujante. Eso fue en 1856. En 1860, había ganado suficiente dinero como para comprar una prensa y entrar en el negocio de la litografía.

Su primera gran idea fue imprimir una foto del recién electo presidente Abraham Lincoln. En cuanto la ofreció, los pedidos llovieron. Y se habría llenado de dinero salvo por un pequeño problema: Su fotografía presentaba a Lincoln afeitado, pero el nuevo presidente se había dejado crecer la barba. Eso estuvo a punto de arruinarlo.

Mientras estaba tratando de sobrevivir a aquella desgracia, decidió tratar de vender algo diferente, un juego. En su tiempo de niño, sus padres usaban los juegos como un recurso para enseñarle a él y a sus hermanos. Tenía en mente un juego llamado «Juego de Damas de la Vida», el cual enseñaba valores morales. Lo diseñó y lo imprimió. Fue el primer juego de salón impreso en los Estados Unidos. Se vendió bien. Tan bien que no se terminaba de preparar cuando ya los clientes lo arrebataban. Ese primer año vendió cuarenta mil unidades.

Un nuevo enfoque y un nuevo plan

Aquel primer éxito dio a Bradley una nueva dirección en la vida. Volvió su atención a producir juegos y otros materiales que estimulaban la mente e instruían a la gente mientras los entretenían. Básicamente, eso hacían los juegos. Pero no pasó mucho tiempo antes que quisiera ampliarse más hacia recursos directamente educativos. A través del Atlántico y procedente de Alemania, había llegado a los Estados Unidos un nuevo concepto educacional llamado «kindergarten» o jardines infantiles que a Bradley cautivó.

Bradley vio el potencial educacional de los jardines infantiles y el mercado potencial para materiales para enseñar en ellos. Quiso ser el primero en los Estados Unidos en imprimir materiales para jardines infantiles. Quería producir bloques de juego para construir, materiales para trabajo en artes y otras cosas. Quería hacer de los materiales para los jardines infantiles su preocupación central.

Pero sus socios en el negocio se opusieron. Debido a que la compañía estaba operando económicamente en un plan de restricciones, temían que concentrándose en una nueva área que podría ser riesgosa la compañía pudiera desaparecer. Bradley no se inmutó. Siguió adelante con su plan y finalmente alcanzó un notable éxito.

«Requirió de toda la fe de la que pude hacer acopio», dijo Bradley, «toda mi confianza en el triunfo final de los principios de los jardines infantiles para hacerme pasar a través de aquellos primeros años de desaliento, cuando mis socios y otros amigos, y el balance anual presentado por nuestro contador estaban en mi contra».

Con el tiempo, Bradley llegó a ser uno de los principales impulsores de los jardines infantiles. Produjo gran cantidad de material e incluso publicó el influyente periódico *Kindergarten Review*. Hizo un tremendo impacto en la vida de miles y miles de niños.

UN PLAN PARA DESPUÉS QUE SE HAYA PUESTO DE PIE

Quizás usted ha desarrollado la persistencia y la decisión de levantarse cuando las circunstancias lo han mandado a la lona, pero siente que se está cansando de estarse poniendo de pie una vez tras otra sin que vea ningún progreso. Quizás esté física y emocionalmente exhausto. Si tal es el caso, entonces necesita hacer algo más que simplemente ponerse de pie. Lo que necesita es un plan que le ayude a definir qué hacer *después* que se ha puesto de pie. Le sugiero que use los siguientes pasos que, en su conjunto, contienen la idea de seguir adelante:

Llegue a la meta

En el capítulo anterior, escribí sobre la importancia de tener propósitos y desarrollar deseos de lograr algo. El siguiente paso es fijar una meta determinada a la que usted quiere llegar. El boxeador que en el cuadrilátero se pone de pie tiene la meta de noquear a su oponente. Milton Bradley tenía esta meta: Producir materiales para los alumnos de los jardines infantiles. Usted necesita definir cuál es su meta. Recuerde que:

> La meta determina el plan.
> El plan determina la acción.
> La acción logra los resultados.
> Los resultados significan éxito.

Si no puede llegar a la meta no va a poder transformar sus fracasos en éxitos. George Matthew Adams dice que «en esta vida, logramos solo aquellas cosas que nos esforzamos por alcanzar, por las cuales luchamos y por las que estamos dispuestos a sacrificarnos. Es mejor apuntar a algo que se quiere, aun cuando no se alcance, que lograr algo que no se buscaba porque no se deseaba. Si persistimos en algo que queremos alcanzar en la vida, es casi seguro que lo conseguiremos, sea lo que fuere».

Organice sus planes

El dicho es viejo (fue acuñado por Benjamin Franklin), pero es verdad: «Al no prepararse, se está preparando para fracasar». No hay garantía que lo que planea lo lleve por el camino que usted se ha imaginado, pero si no hace planes, sus chances de tener éxito serán mínimas.

El novelista Víctor Hugo creía que «el que cada mañana

> *Al no prepararse, se está preparando para fracasar.*
> —*BENJAMIN FRANKLIN*

planea las transacciones del día y se ciñe al plan, llevará de la mano un hilo que lo guiará a través del laberinto de esta vida tan complicada ... Pero cuando no hay un plan trazado, donde la distribución del tiempo está sujeta simplemente a las circunstancias, muy pronto reinará el caos». Esto es, indudablemente, por qué el escritor español Miguel de Cervantes y Saavedra escribió: «El hombre que se prepara tiene media batalla ganada».

Muévase aun a riesgo de fracasar

Solo planear no conduce al éxito. La otra mitad de la batalla es entrar en acción. Conrad Hilton dijo: «El éxito pareciera estar conectado con la acción. La gente que tiene éxito no se detiene».

Ir adelante de acuerdo a un plan y tratar de cumplirlo siempre implica riesgos. Y eso es bueno porque nada que valga la pena se logra sin riesgos. Hay que ponerse en la fila para llegar a la meta. Larry Osborne habla de riesgos cuando dice: «Los líderes altamente exitosos ignoran la sabiduría convencional y se arriesgan. Inevitablemente, sus historias incluyen momentos de definición clave cuando se arriesgan y, como consecuencia, logran abrirse paso».

> *Los líderes altamente exitosos ignoran la sabiduría convencional y se arriesgan. Inevitablemente, sus historias incluyen momentos de definición clave cuando se arriesgan y, como consecuencia, logran abrirse paso.*
>
> —LARRY OSBORNE

Bienvenidos los errores

Ya ha aprendido que los errores no hay que evitarlos, sino darles la bienvenida. Ellos son señales de que se está moviendo hacia territorio nuevo, rompiendo nueva tierra, experimentando progreso. Como lo señala el viejo proverbio inglés: «El que nunca comete errores nunca logra hacer nada». (Si todavía le cuesta asimilar este concepto, le recomiendo que vuelva a leer los capítulos anteriores. La única forma en que podrá transformar los fracasos en victorias será aceptando los errores como parte de la vida, aprender de ellos, y mejorar.)

Avance basado en lo que usted es

Cada vez que enfrente sus errores y trate de seguir adelante a pesar de ellos, es una prueba a su carácter. Siempre llega el tiempo en que *rendirse* es más fácil que *aguantar*, cuando *dejar de luchar* se ve más atractivo que *presentar batalla*. Y en tales momentos, el carácter puede ser la única cosa que lo puede mantener moviéndose hacia adelante.

Pat Riley, el entrenador de la NBA ha dicho: «Llegará el momento en que se definan los ganadores de los perdedores. Los verdaderos guerreros entienden y captan el momento, haciendo un esfuerzo tan intenso e intuitivo que podría decirse que entregan el corazón». Después que usted ha sido lanzado a la lona y ha tenido la voluntad de levantarse, la inteligencia para planear su estrategia y el valor para entrar en acción, sepa esto: Experimentará uno de esos momentos decisivos. Y lo definirá como un triunfador o como un perdedor. Prepárese para ese momento y tenga la seguridad de que su llegada le permitirá aumentar sus posibilidades de triunfar.

Reevalúe continuamente sus avances

Al pasar por tiempos difíciles y sobreponerse a los errores, usted tiene la oportunidad de aprender y hacer ajustes. William Knudson, dijo: «La experiencia sabe un montón de cosas que no sabes tú».

A la gente no le gusta examinar sus errores, aunque eso es precisamente lo que conduce al éxito. Katie Paine, presidente de Delahaye Medialink, dice: «Los maestros de la cultura de los negocios nos enseñan a jamás admitir nuestros errores, sino a enterrarlos, o echarle la culpa a otro. Y la mayoría del personal y los que revisan proyectos en realidad no hacen mucho para exponer sus faltas. Si vamos a esperar hasta que un proyecto se termine para celebrar sus honras fúnebres, la gente se habrá olvidado de sus errores o se habrá enemistado con sus colegas. En cualquier caso estaremos perdiendo una oportunidad de aprender».

> *Llegará el momento cuando se definan los ganadores de los perdedores. Los verdaderos guerreros entienden y captan el momento, haciendo un esfuerzo tan intenso e intuitivo que podría decirse que entregan el corazón.*
> —*PAT RILEY*

Desarrolle nuevas estrategias para triunfar

Lester Thurlow dice que «un mundo competitivo le ofrece dos posibilidades. Perder o, si quiere triunfar, la alternativa de cambiar». No todo está hecho una vez que usted desarrolla un plan y lo pone en acción. Realmente, si quiere triunfar, nunca estará todo hecho. El triunfo se encuentra en el camino, en el desarrollo del proceso. Y no importa lo duro que usted trabaje, no logrará crear el plan perfecto o llevarlo a cabo sin error. Nunca llegará al punto en que ya no cometerá errores, en el que no volverá a fallar. Pero no hay problemas con eso.

El escritor y conferenciante sobre finanzas personales, Robert Kiyosaki, reconoce que «en mi propia vida me he dado cuenta que casi siempre el triunfo es seguido de la derrota». Una de las historias favoritas de Kiyosaki tiene que ver con las enseñanzas del papá de su amigo Mike cuando estaba creciendo. Decía que el hombre, a quien llamaba «papá rico», amaba a Texas y a los tejanos. Papá rico acostumbraba a decir:

> Si realmente quieres aprender la actitud para manejar los riesgos, las pérdidas y los fracasos, ve a San Antonio y visita El Álamo. El Álamo es una gran historia de personas valientes que decidieron pelear, sabiendo que las posibilidades de vencer eran casi nulas. Decidieron morir en lugar de rendirse. Es una historia inspiradora, digna de ser estudiada; de cualquier manera, sigue siendo una trágica derrota militar. Mordieron el polvo de la derrota. Fracasaron, si usted quiere. Perdieron. ¿Cómo manejan los tejanos ese fracaso? Aun hoy siguen gritando: «¡No olviden El Álamo!»

Y Kiyosaki agrega:

> Cada vez que tenía miedo de cometer un error, o perder dinero, contaba esta historia ... Papá rico sabía que fracasar no haría otra cosa que hacerlo más fuerte y más sabio ... Esto le daría el valor para cruzar la línea cuando otros retrocedieran. [Él decía:] «Por eso es que me gustan tanto los tejanos. Porque tomaron un tremendo fra-

caso y lo convirtieron en una atracción turística que les ha permitido ganar millones».[1]

Los fracasos son hitos en el camino del éxito. Cada vez que usted planea, se arriesga, fracasa, reevalúa o hace ajustes, está disponiendo de otra oportunidad para volver a empezar, solo que en mejores condiciones que la primera vez. Cuando Thomas Edison tenía sesenta y siete años se le quemó completamente su laboratorio. Su comentario fue: «Menos mal que en el incendio se quemaron todos nuestros errores. Ahora podemos tener un nuevo comienzo fresco».

UNA JOYA DEL PACÍFICO

Por lo general, echar a andar no es fácil, para decir lo menos, pero sin duda ponerse en movimiento habrá de traer resultados increíbles. Tenía eso en la memoria en un viaje que hice a Asia en el otoño de 1999. Durante diez días, un equipo de mis líderes y yo viajamos a la India, Hong Kong, Australia, Singapur y las Filipinas para dar conferencias sobre liderazgo.

Mi parada favorita en ese viaje fue Singapur. Es increíble. Es el país más moderno del mundo. Hicimos un paseo por la ciudad de Singapur y nuestro guía, Susanna Foo, nos contó muchas cosas acerca de su país. En 1998 el producto interno bruto fue de ochenta y cuatro billones (medido en dólares de Estados Unidos) y tiene un ingreso per cápita de $22,800, el noveno más alto del mundo.[2] Singapur consigue esto en un territorio de apenas doscientos treinta y ocho millas cuadradas, aproximadamente una quinta parte de Rhode Island.

¡NOQUEADO!

Singapur comenzó siendo parte del reino de Sumatra Srivijava, pero en 1826 llegó a integrar el Imperio Británico. Por más de un siglo mantuvo este status, interrumpido solo por un tiempo durante la Segunda Guerra Mundial en que fue ocupado por Japón.

Después de la guerra, a medida que los británicos concedían la independencia a más y más miembros de su imperio, el pueblo de Singapur empezó a pensar en su propia independencia. Los ingleses no estaban muy seguros que este fuera un buen paso. Singapur no tenía recursos naturales ni experiencia en materia de gobierno. La gente quería la independencia, pero culturalmente todavía tenían una mentalidad de colonia. Y además de todo eso, los prejuicios raciales eran tremendos.

En 1959, Singapur consiguió su independencia. Pero las cosas no anduvieron bien. Entonces decidieron que lo mejor que podían hacer era anexarse a Malasia, lo que hicieron en 1963. Pero los malayos no se entendieron muy bien con la gente de Singapur por lo que después de dos años, Malasia rompió los vínculos que tenía con Singapur. El líder del país, el primer ministro Lee Kuan Yew, sintió que el país había quedado a la deriva, con pocas perspectivas y aun menos esperanzas. No les quedaba sino una cosa por hacer, salir ellos mismos de tan horrible situación.

ADELANTE CON UN PLAN

Lee Kuan Yew trabajó con el problema hasta que dio con un plan. Kuan Yew era un líder joven con apenas cuarenta y dos años de edad, y a diferencia de muchos de sus paisanos, tenía educación. Sabía que era posible darle un nuevo rumbo a la situación pero lograrlo tomaría toda una generación. Su meta era crear condiciones de país del Primer Mundo en una nación del Tercer Mundo. Y esta es la manera como decidió hacerlo:

1. *Traer industrias.* Su primer objetivo fue traer al país industrias que pudieran emplear una gran cantidad de mano de obra no especializada para que de esta manera la gente pudiera tener un trabajo.

2. *Crear viviendas.* Quiso mejorar la calidad de las viviendas de la población. Podrían habitar mejores casas, pero pagarían por ellas.

3. *Mandar a la gente a la escuela.* La única manera para que el país mejorara era que la gente mejorara. Hizo que la educación fuera accesible a todos.

4. *Estableció un sistema bancario.* La meta, nada de mezquina, era hacer de Singapur el centro financiero de Asia.

5. *Alentó los viajes internacionales.* Singapur llegaría a ser un punto de atracción turística y de negocios, con un aeropuerto de clase mundial.

La meta de Yew era alta y su plan ambicioso. Para hacer realidad su sueño tendría que estar decidido a alcanzarlo pero aun así, necesitaría ayuda. Acudió a las Naciones Unidas. Y aunque la organización estuvo dispuesta a ayudar, al principio las cosas no fueron tan fáciles. Albert Winsemius, un industrial y asesor en economía de la ONU visitó el país y dijo que «aquello era un desastre. Había huelgas por cualquiera razón. La violencia brotaba cada día y dondequiera. Mi primera impresión fue que ahí no había nada que hacer».

Pero Yew y el pueblo de Singapur perseveraron. Primero, el Banco Mundial, Inglaterra y Japón les prestaron cientos de millones de dólares. Luego, llevaron expertos de todo el mundo para que les ayudaran, seleccionados cuidadosamente de países líderes en su campo:

- Japón y Alemania: asesores técnicos para instalar fábricas

- Suecia y Holanda: expertos en la banca y las finanzas

- Israel: asesores para el ejército

- Nueva Zelanda y Australia: asesores para la fuerza aérea y la marina

Después, llevaron mil doscientas compañías de Estados Unidos y Japón, incluyendo a la General Electric, IBM, Hewlett-Packard, Philips, Sony, Mitsubishi, Caterpillar, Texas Instruments, Mobil Oil, y otras.

LA HISTORIA DE SINGAPUR ES SU HISTORIA

A medida que nuestra guía, Susanna Foo, nos hablaba de su país, se esforzaba por contener las lágrimas. Había sido una de aquellas personas sin educación a quien el país había ayudado a vivir una vida mejor. En la década de los 60, siendo una adolescente, había terminado su secundaria. Pero como el país estaba paralizado, ella también lo estaba. Empezó a estudiar en la noche y a progresar. Hoy día, a los cincuenta años de edad, entiende la increíble distancia que ella y su país han viajado. Ha visto la ciudad de Singapur pasar de una ciénaga y un montón de matorrales a una floreciente ciudad internacional. Y al pueblo de Singapur lo ha visto transformarse de ignorante y desvalido en un grupo de triunfadores disciplinados y fuertes.

Singapur sigue cambiando. La gente sigue mejorando y gran parte de su atención la concentran en dar. «Estamos ayudando a Bosnia, Zimbabwe, Turquía, Vietnam, Timor Oriental y Kuwait», dice Susanna. «Ahora nos toca ayudar a nosotros. Y porque entendemos cuán grande es su necesidad, estamos dispuestos a ir adonde la ONU nos pida que vayamos».

No estoy seguro cuándo volveré a Singapur, pero cuando lo dejé, me di cuenta que no podía olvidarme de Susanna Foo y de su hermosa ciudad. Porque de todos los países y ciudades que he visto, ningún lugar ejemplifica mejor lo que quiero decir con transformar los fracasos en victoria.

Su paso decimoquinto hacia el lado positivo del fracaso:

Levántese, recupérese y siga avanzando

Indudablemente algunas de las grandes tareas están ante usted. Quizás entienda que tiene que acometerlas, pero le da miedo empezar. Quizás piense que no podrá sobreponerse al fracaso que pudiera resultar de intentarlo.

Formúlese un plan para hacerlo. No intente nada sin planificación. (Si ha intentado y ha fracasado una vez antes, probablemente no quiera lanzarse así no más a hacer las cosas.) Para moverse hacia adelante, párese bien firme sobre sus pies y use la estrategia contenida en este capítulo:

> Llegue a la meta.
> Organice sus planes.
> Muévase aun a riesgo de fracasar.
> Bienvenidos los errores.
> Avance basado en lo que usted es.
> Reevalúe continuamente sus avances.
> Desarrolle nuevas estrategias para
>   triunfar.

Si está dispuesto a mantener su decisión, trabajar según un plan y levantarse cada vez que lo tiren a la lona, podrá alcanzar sus metas y, algún día, hacer realidad sus sueños.

Pasos para encontrar el lado positivo del fracaso:

1. Reconozca que hay una gran diferencia entre las personas mediocres y las que triunfan.

2. Aprenda una nueva definición de *fracaso*.

3. Elimine el «yo» de sus fracasos.

4. Entre en acción y reduzca su miedo.

5. Cambie su reacción ante el fracaso aceptando su responsabilidad.

6. No deje que el fracaso externo se meta dentro de usted.

7. Dígale adiós al ayer.

8. Cambie usted, y su mundo cambiará.

9. Despreocúpese de usted y comience a darse a los demás.

10. Busque el beneficio en cada mala experiencia.

11. Si tiene éxito al primer intento, pruebe algo más difícil.

12. Aprenda de una mala experiencia y transfórmela en una buena experiencia.

13. Trabaje sobre las debilidades que lo debilitan.

14. Entienda que no hay mucha diferencia entre fracaso y éxito.

15. Levántese, recupérese y siga avanzando.

16

Ahora usted está listo para transformar sus fracasos en victorias

El fracaso es el sello que distingue al éxito. Puede ser el punto de partida de una nueva aventura, como cuando un bebé aprende a caminar; se cae infinidad de veces hasta que llega a dominar su nueva habilidad. El fracaso es también el sello de un éxito a conseguir para el cual usted se ha sacrificado. Cuando un saltador de garrocha finalmente queda fuera de competencia, solo entonces sabrá cuán lejos ha llegado. Su fracaso se transforma en el punto de partida para su próximo esfuerzo, probando que el fracaso no es el final.
—DAVE ANDERSON

Bien. Ahora usted conoce todos los pasos que hay que dar para transformar los fracasos en victorias, o como los hemos venido llamando hasta ahora, los pasos hacia el lado positivo del fracaso. Vamos a repasarlos rápidamente:

1. Acepte que hay una gran diferencia entre las personas Mediocres y las que triunfan.
2. Aprenda una nueva definición de *fracaso*.
3. Elimine el «yo» de su fracaso.
4. Entre en acción y reduzca su miedo.
5. Cambie su reacción ante el fracaso aceptando su responsabilidad.
6. No deje que el fracaso externo se meta dentro de usted.
7. Dígale adiós al ayer.
8. Cambie usted, y su mundo cambiará.

9. Despreocúpese de usted y comience a darse a los demás.
10. Busque el beneficio en cada mala experiencia.
11. Si tiene éxito al primer intento, busque algo más difícil.
12. Aprenda de una mala experiencia y transfórmela en una buena experiencia.
13. Trabaje sobre las debilidades que lo debilitan.
14. Entienda que no hay mucha diferencia entre fracaso y éxito.
15. Levántese, recupérese y siga avanzando.

Creo a ojos cerrados en estos pasos. Pero quizás no le digan mucho a menos que los vea en la vida de alguien que crea que se parece mucho a usted.

Permítame presentarle a mi amigo Dave Anderson. Dave es un empresario a quien conocí en una conferencia sobre liderazgo que dicté en Kenosha, Wisconsin. Le voy a contar algo sobre su historia. Y al mismo tiempo, voy a indicar cuántas de las cosas que le han ocurrido en la vida corresponden a los pasos para transformar los fracasos en victoria que he reseñado en este libro.

Vamos a comenzar con el perfil de Dave:

PERFIL DEL FAMOSO DAVE ANDERSON

Valor estimado:
  Treinta millones de dólares
Educación:
  Maestría en la Universidad de Harvard
    (Escuela de Gobierno John F. Kennedy)
Posición actual:
  Presidente de Famous Dave's of America
  más de tres mil empleados
  Ventas anuales: $41,6 millones
Estado civil:
  Casado, dos hijos
Aspectos destacados en su carrera:

Fundó Famous Dave's of America y dio a la compañía el carácter de pública (el primer día sus acciones abrieron a $6,25 y cerraron a $11,25)

Cofundador de la compañía «Rain Forest Café» la que también hizo pública

Nombrado por Ernst y Young (respaldados por NASDAQ y el diario *US Today*) empresario novato del año

Ex director y vicepresidente ejecutivo de organización considerado por la revista *Fortune* «La compañía de más rápido crecimiento en Estados Unidos»

Participó en dos estudios presidenciales: Un equipo de trabajo de Jimmy Carter para el estudio de los problemas de las minorías en pequeños negocios y en una comisión de Ronald Reagan para el estudio de la economía en las reservas indígenas

Ha ayudado a crear más de dieciocho mil puestos de trabajo gracias a su visión, liderazgo y habilidad para ver oportunidades.

Fundador y presidente del Fondo Mino-Güzhig para niños minusválidos de las minorías (donativo inicial: $1,4 millones)

Consejero ejecutivo, Escuela de Negocios Carlson, Programa de MBA, Universidad de Minnesota.

Este es un currículum impresionante, y eso que no se mencionan las docenas de premios de cocina y negocios, tanto locales como nacionales que ha recibido, ni sus logros como platero y coleccionista de antigüedades. Todo lo que Dave ha tocado se ha convertido en oro, ¿verdad? ¡Falso! Para entender y apreciar los logros de Dave es necesario conocer un poco de sus fracasos.

UN ADOLESCENTE TÍPICO

Cuando en 1971 Dave Anderson se graduó de la secundaria, era como cualquier otro muchacho de dieciocho años. Y si en aquel entonces usted le hubiese dicho que un día sería un exitoso hombre de negocios que movería decenas de millones de dólares y que haría un impacto positivo en la vida de miles de personas, él probablemente habría pensado que usted se había vuelto loco. Pero eso es lo que sucedió con él gracias a que es una persona que aprendió a *transformar los fracasos en victorias.*

Dave se crió en la ciudad de Chicago. Era un estudiante promedio y cuando salió de la escuela, buscó ayuda vocacional. No era una persona que le gustara mucho estar en medio de la gente; más bien estaba pensando en términos de hallar una carrera que le permitiera estar en contacto con la naturaleza. Gracias a su herencia indígena (su padre era de la tribu de los Choctaw y su madre de la tribu de los Chippewa), quería seguir una carrera que lo mantuviera en contacto con la vida salvaje y la silvicultura. Se inscribió en la Universidad Tecnológica de Michigan, en Houghton, Michigan y empezó a vivir la típica experiencia universitaria de clases y estudio durante la semana y muchas fiestas los sábados y domingos.

SE PRESENTA LA OPORTUNIDAD

Durante las breves vacaciones que siguieron al fin del primer período, fue a Chicago a visitar a sus padres y estando allí un amigo lo llamó por teléfono.

—Dave —le dijo—. ¿Tienes un traje?

—Sí, tú sabes que tengo uno —le respondió Dave. Había crecido en la iglesia y en aquellos días eso era lo que se acostumbraba usar.

—Bien, póntelo que pasaré por ti —le dijo su amigo.

En esa época, Dave estaba listo para lo que fuera, de modo que se puso el traje. No tuvo que esperar mucho para que se presentara su amigo, quien lo llevó a una reunión donde se estaba reclutando gente para vender un acondicionador de aceite para motores de automóviles. Dave no tenía ninguna inclinación por la mecánica, de modo que a la parte técnica de la presentación no le prestó mucha atención. Pero el conferenciante, de nombre Zig Ziglar, lo fascinaba, especialmente cuando dijo: «Si ustedes se tienen confianza y tienen una ambición clara en la vida, es muy probable que lleguen a triunfar».

Nunca antes, ni en la escuela ni en el hogar, Dave había oído algo así. Sus padres lo amaban, pero ellos no sabían mucho de motivación positiva. Tampoco eran gente de negocios. Su papá era un obrero de la construcción que trabajaba duro y animaba a su hijo para que hiciera lo mismo.

Esa noche, Dave llegó a su casa y habló con sus padres sobre la oportunidad de vender aquel producto. Cuando la compañía celebró su próxima reunión, Dave volvió, esta vez con su papá, a quien le pareció interesante la oportunidad. Naturalmente que quería que su hijo triunfara. De modo que tomó $2,500 que con mucho sacrificio tenía ahorrado y compró con ellos los productos necesarios para que Dave comenzara su negocio.

EL PRIMER NEGOCIO DE DAVE

Dave jamás volvió a la universidad. Por primera vez en su vida, tenía un sueño. Y se había involucrado en él cien porciento. Quería ser un hombre de negocios exitoso. Durante los meses siguientes, se esforzó al máximo para vender el acondicionador de aceite. Pero fue como darse de cabezazos contra un muro. Pese a todo lo que se esforzó, no pudo vender nada. Fue su primer fracaso en el mundo de los negocios. Dave dice que cree que su papá todavía tiene algunas cajas de acondicionadores de aceite amontonadas en algún lugar del garaje.

Pero dentro de aquel primer gran fracaso había semillas de sus éxitos futuros. (Paso quince: Levántese, recupérese y siga avanzando.) Primero, tenía esperanza. Creía que podría tener éxito. (Paso seis: No deje que el fracaso externo se meta dentro de usted.) Segundo, cuando su papá le compró la mercadería, David recibió un curso de liderazgo de cinco días que él dice que cambió su vida. (Paso diez: Busque el beneficio en cada mala experiencia.) También recibió de Zig Ziglar seis casetes. Durante meses, cada noche, Dave se fue a dormir escuchando esos casetes. (Paso ocho: Cambie usted, y su mundo cambiará.) El sueño dentro de él no estaba muerto. Y no iba a dejar que el fracaso lo desalentara. (Paso uno: Acepte que hay una gran diferencia entre las personas mediocres y las que triunfan.) El problema estaba en que él no podía ver que a través de ese negocio pudiera triunfar.

Después del fracaso como vendedor de acondicionador de aceite,

Dave trabajó en horario de tiempo parcial vendiendo artículos deportivos para Eddie Bauer. Y en el otoño de 1972, ingresó a la Universidad Roosevelt de Chicago. Durante los años siguientes, con la regularidad de un cronómetro, se matriculaba en la Universidad Roosevelt en el otoño y finalizaba con un racimo de ceros y su traslado incompleto. Tenía el deseo de mejorar, pero una inadecuada actitud hacia la universidad, junto con las exigencias de varias aventuras comerciales lo hicieron fracasar en su deseo de llegar a educarse.

OTRA AVENTURA

Fue también en 1972 que se le ocurrió otro negocio. Aunque la oportunidad del aditivo aceitoso no había funcionado para él, lo animó a empezar a pensar como un empresario. (Paso dos: Aprenda una nueva definición de *fracaso*.) Su idea fue crear y vender miniaturas de artículos de jardinería. Juntó algunos dólares y compró los materiales para hacer algunas muestras. Luego empezó a visitar a los comerciantes detallistas y a animarlos a que compraran.

Tuvo su primer vestigio de éxito con James Ashner en la Floristería Richard Lange. Ashner le dijo:

—Son bonitas. Muy bien, tráigame una docena de estas, una docenas de estas, y una docena de estas —indicando las que había escogido.

Dave no lo podía creer.

—Eso es un montón de dinero —dijo, calculando rápidamente en su cabeza el costo de los materiales—. ¿Qué le parece una de cada una?

—No —le dijo Ashner—, quiero una docena de estas, una docena de estas y también una docena de estas.

—¿Está seguro que no quiere una de cada una? —dijo Dave, tímidamente. Pensaba que si podía vender y entregar algunas de las muestras, tendría suficiente dinero para comprar más material.

—No —volvió a decirle Ashner simplemente.

—No le puedo traer una docena de cada una —explicó finalmente Dave—. No tengo suficiente dinero para comprar todo el material que necesito.

—Pareces un hombre honrado. ¿Qué te parece si te pago por adelantado? ¿Ayudaría? —respondió Ashner.

—Ann Marie —llamó a su asistente en la oficina contigua—. Hágale un cheque a este señor, ¿quiere?

Dave estaba mudo. Unos pocos minutos más tarde, salía de la tienda llevando en la mano un cheque con una suma que jamás había visto tan de cerca, $736.35.

OTRA GANANCIA

Ese fue el día cuando comenzó su negocio de florista al por mayor. Durante los siguientes siete años, operó desde el subterráneo de su casa y trabajó como un demente largas horas, siete días a la semana. Cuando sus clientes detallistas se llenaron de trabajo por el Día de las Madres y el Día de San Valentín (Día del amor y la amistad), él fue a sus tiendas, las barrió, limpió los congeladores e hizo otras cosas para ayudarles. A los veintiún años tenía como cliente a cada una de las floristerías importantes en ventas al detalle en la ciudad de Chicago. Cuando se aproximaba a los treinta, ya se sentía con un éxito tremendo.

Por ese tiempo, un florista amigo tuvo una idea para ganar algún dinero extra. En los años setenta, los estudiantes de las universidades acostumbraban decorar sus cuartos y apartamentos con plantas. El amigo de Dave, cuyo hijo estudiaba en la Southern Illinois University, pensó que podrían comprar plantas baratas de los cultivadores en la Florida, alquilar un espacio en la asociación de estudiantes a principios del período de otoño, y vender las plantas con una ganancia sustancial. Y eso fue lo que hicieron. Viajaron a la Florida con un camión vacío, lo llenaron de plantas y regresaron a casa. Con el plan eliminaron a dos intermediarios a la vez que vendieron las plantas mucho más baratas que el precio usual. En dos días hicieron veinte mil dólares. (Paso once: Si tiene éxito al primer intento, busque algo más difícil.)

Y OTRA PÉRDIDA

Debido a que esa aventura había significado un éxito, lo intentaron de nuevo, pero esta vez a gran escala. Se anunció que en octubre se abriría un nuevo Kmart en Pontiac, Illinois, y ellos hicieron planes para vender plantas allí. Viajaron a la Florida y volvieron con dos camiones cargados de plantas. Alquilaron una gran tienda, pusieron allí las plantas, instalaron cuatro cajas registradoras y se dispusieron a esperar la llegada de los clientes. Pero algo inesperado ocurrió ese día. Una extraña niebla cubrió toda la región y, al poco rato, empezó a lloviznar. En unos cuantos minutos, la llovizna se tornó lluvia torrencial. La temperatura bajó. La lluvia se transformó en escarcha y luego empezó a nevar. El invierno había llegado antes de lo esperado y las delicadas plantas tropicales no resistieron. ¿Resultado final? Lo perdieron todo. La aventura les costó los veinte mil dólares que habían ganado en la venta anterior, más otro dinero que habían puesto en la inversión.

Si usted es oriundo del medio oeste, probablemente recuerde el invierno de 1979. En los registros meteorológicos, ha sido uno de los peores. La tormenta de nieve que azotó a Chicago fue horrible, y la niebla fue tan alta que algunas calles permanecieron cerradas durante meses. Muchos negocios se hundieron aquel año, incluyendo el de Dave. No se venden muchas flores en medio de la escarcha. Muchos de los clientes de Dave no solo dejaron de comprar, sino que tampoco pagaron cuentas que tenían desde antes del desastre. Eso, más las tremendas pérdidas experimentadas por Kmart, terminaron por hundirlo. Se declaró en bancarrota.

EN BUSCA DE NUEVAS FUERZAS

Después de haber perdido su negocio, necesitaba encontrar un trabajo para sostenerse. Más de una vez tuvo que empeñar las joyas de su esposa para conseguir dinero para pagar la renta. En dos oportunidades acudió a la oficina de desempleados, pero en ambas ocasiones se salió de la fila decidido a nunca aceptar un cheque del gobierno. Siguió buscando. Debido a que siempre había trabajado por su cuenta, quería encontrar algo que le permitiera hacer uso de su espíritu empresarial. Pero también quería algo que le ayudara a mejorar. Se decía que toda persona de éxito tenía que tener la capacidad de relacionarse con la gente. Y él la tenía, pero sentía que debía perfeccionarla. (Paso trece: Trabaje sobre las debilidades que lo debilitan.) Estos dos deseos significaban una sola cosa: Necesitaba un trabajo de vendedor y eso lo asustaba. El miedo al fracaso en esa área lo dominaba.

Empezó a trabajar para la «American Can Company», vendiendo vasos Dixie, papel toalla marca Marathon y servilletas y papel higiénico para restaurantes. (Paso cuatro: Póngase en acción y reduzca su miedo.) Para demostrarse que podía, escogió el peor territorio. Una noche, cuando su familia no estaba en casa, se dedicó a practicar ante el espejo, hablando, sonriendo y hasta estrechando la mano con la imagen del espejo. Durante el día, trabajaba duro. Se afirmaba en los mismos principios y tenacidad que tenía cuando había sido mayorista en el negocio de las flores. (Paso catorce: Entienda que no hay mucha diferencia entre fracaso y éxito.) Cometió un montón de errores, experimentó multitud de rechazos y perdió muchas ventas. Pero trabajó como un loco y se mantuvo aprendiendo. Se había hecho cargo de un territorio que estaba en el último lugar y en seis meses lo transformó en el número uno de la compañía.

En esa posición aprendió mucho. Descubrió que «si se quiere alcanzar el éxito hay que estar dispuesto a soportar muchos fracasos». Y mientras más fracasos se superen, más grande será el éxito». También descubrió que su anterior fracaso no lo había dejado marcado para siempre. (Paso tres: Elimine el «yo» de su fracaso.)

«Después de haber perdido mi negocio de flores, fui a ver algunas de las compañías con las que había trabajado antes», dice Dave. «Todo lo que llenaba mi pensamiento eran los miles de dólares que les debía cuando me declaré en bancarrota. Pero ellos no se preocupaban por eso. Me dijeron: «Eso quedó muy atrás; en cambio, pensamos que mientras trabajamos con usted, ganamos mucho dinero». (Paso siete: Dígale adiós al ayer.) De modo que si usted es una persona honrada y admite sus fracasos, la gente lo perdonará. Queremos ayudarle si asume su responsabilidad». (Paso cinco: Cambie su reacción ante el fracaso aceptando su responsabilidad.)

¿Una nueva oportunidad?

En 1982, la tribu de Dave, los *Lac Courte Orielles* de la ribera de Ojibwa del Lago Superior, al noroeste de Wisconsin, le pidió ayuda. Su organización estaba perdiendo dinero y al tiempo que reconocían sus proezas en los negocios, le pidieron que fuera su principal ejecutivo. Eso lo puso al frente de una variedad de negocios e intereses, incluyendo una zona pantanosa llena de plantas de arándano, una imprenta y una compañía constructora. Dirigió los intereses de la tribu por tres años. Durante ese tiempo, los ingresos aumentaron de $3,9 a más de $8 millones.

Su éxito con su tribu hizo que el presidente Reagan lo mencionara en la Comisión sobre Economía en las reservaciones indígenas. Varios estados, gobiernos locales y organizaciones comerciales le hicieron reconocimientos y lo invitaron a tomar parte en numerosos concilios para áreas como el turismo y desarrollo de negocios para las minorías. Con el tiempo, Dave estaba ayudando a tanta gente que se le concedió el premio «Bush Leadership Fellowship» de la Fundación Bush de St. Paul, Minnesota, por una vida de triunfos distinguidos. Así es como llegó a Harvard, con un grado de no graduado y un manojo de malas notas.

Después de su graduación, trabajó durante varios años con la tribu Mille Lacs. Les ayudó a crear miles de trabajos, llevando su anterior y horrible desempleo a casi cero, y a establecer la compañía que la revista *Fortune* reconoció como la de más rápido crecimiento en los Estados Unidos. Aunque Dave había alcanzado el éxito en una variedad de negocios, todavía no había hecho nada relacionado con su verdadera pasión, la comida.

En busca de su amor

El amor de Dave por la comida comenzó cuando era solo un niño. Su padre trabajaba como electricista en varios proyectos de construcción en el área de Chicago y de vez en cuando llegaba a la casa con costillas que sobraban en un restaurante que había conocido a través de un compañero de trabajo. En cuanto Dave probó la primera costilla, quedó hechizado. Y en cuanto estuvo en edad de trabajar, inició lo que llamó «la búsqueda de la perfecta barbacoa». Dondequiera que iba, cuando viajaba por el país por cuestión de negocios, pedía que le indicaran dónde estaba el mejor restaurante del lugar.

«He recorrido los caminos y andado las calles de este país buscando la comida más sabrosa», dice Dave con entusiasmo. «He visitado desde los restaurantes más modestos en el corazón de las ciudades hasta los más lujosos y finos en los suburbios. Cuando estoy en una convención, después de cumplir con mis obligaciones, me desaparezco. Mis colegas saben dónde estoy metido. Estoy en los mejores restaurantes pequeños de la ciudad. Pido indiscriminadamente del menú y lo pruebo todo. Luego cuando regreso a casa, experimento en mi propia cocina».

En 1994, Dave cofundó un restaurante que alcanzó un éxito notable, llamado *Rain Forest Café* con el que se hizo rico. Con parte del dinero ganado compró un pequeño lugar de veraneo en Hayward, Wisconsin. Allí construyó la clase de restaurante que siempre había soñado tener, un restaurante con la mejor barbacoa. Decidió llamarlo: <Dave's Famous Barbecue [La famosa barbacoa de Dave], pero la imprenta cometió un error e imprimió FAMOUS DAVE'S [EL FAMOSO DAVE], y así se quedó. El restaurante fue un tremendo éxito. Pronto abrió un segundo y después un tercero.

En este punto, usted podría pensar que Dave ya estaba listo para empezar a disfrutar de la fama. Pero las cosas no fueron así, porque estaba a punto de entrar en el nivel más bajo de su vida. El peor obstáculo era él mismo.

CONSIGUIÓ EL TRATAMIENTO

En 1995, un grupo de amigos y familiares llegó hasta Dave en lo que se podría llamar una intervención. En otras palabras, lo confrontaron con su adicción a la bebida. Como muchos lo hacen, Dave había empezado a beber en la universidad. Pero no dejó de hacerlo cuando entró al mundo de los negocios. Cuando la gente que lo quería lo enfrentó, en su interior se sentía feliz porque sabía que necesitaba un cambio. Entró a un tratamiento para el alcoholismo y desde entonces ha estado sobrio.

«La clave para que el tratamiento funcione es que usted reconozca que tiene un problema, que bebe demasiado, que reconozca dónde se encuentra y que esté dispuesto a salir de allí», afirma Dave. «Las personas que siguen el tratamiento y no permanecen en sobriedad fracasan porque creen que están bien. No están dispuestos a asumir su propia responsabilidad. La clave para cambiar es rendirse».

Dave sabía que necesitaba un cambio, y en los años que han pasado desde que decidió hacerlo, ha visto muchísimos cambios en él. Actualmente el aprendizaje continuo y el crecimiento son las marcas distintivas de su vida. (Paso doce: Aprenda de una mala experiencia y transfórmela en una buena experiencia.)

«Me di cuenta que no podía seguir relacionándome con mis amigos bebedores y cambiar», dice. «Si hubiese vuelto a los bares donde acostumbraba a beber, me habría encontrado a la misma gente, sentada en los mismos lugares y haciendo lo que siempre han hecho, beber. Habría visto que no habían cambiado ni un ápice, pero en cuatro años, yo he cambiado mucho».

ESTO NO ES SOBRE DAVE

Cuando escribo esto, Dave es dueño de veinticuatro restaurantes en cinco estados. Y el negocio sigue creciendo. Pero para eso, tuvo que vencer una enormidad de obstáculos y a un montón de escépticos.

«Cuando comencé, la gente me dijo que mis restaurantes nunca llegarían a esta parte del país», dice Dave. «Me decían que Minneapolis no es una ciudad para barbacoas. Que nunca lo sería. Pues bien, hoy día tengo trece restaurantes en Minneapolis».

Crecimiento de la empresa *Famous Dave's*

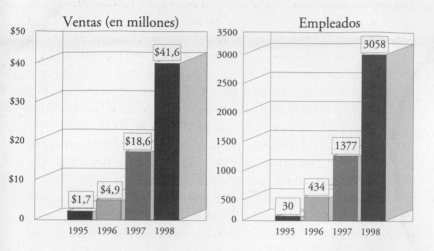

Con todo lo increíbles que han sido los logros de Dave, lo más notable es haberse dado cuenta que sus éxitos no existen solo para él, sino para el bien de otros. Y está haciendo esto una realidad a través de la Fundación Mino-Güzhig para los niños de las minorías en desventaja, fundada por él y también a través de «Famous Dave's». Lo confirma al expresar: «Nos preocupamos más por cambiar vidas que por vender costillas». (Paso nueve: Despreocúpese de usted y COMIENCE a darse a los demás.)

> *Para tener éxito, hay que ser sensible a los problemas y a los fracasos. Y mientras se sube la cuesta, se estará ganando el derecho de tener más problemas.*
>
> —*DAVE ANDERSON*

Para lograr esto, Dave desarrolló la «Hog Heaven University» donde entrena a su gente. Allí los nuevos administradores aprenden habilidades, técnicas y reciben información que les ayudará a tener éxito con el trío de «Famous Dave's» que Dave ha bautizado como carne, humo y salsa. Pero ellos aprenden algo más que es mucho más importante. Dave dice de todos ellos: «Esto no tiene nada que ver con Dave Anderson. Esta es la oportunidad de *ustedes*».

Una parte clave de esa oportunidad es saber cómo transformar los fracasos en victorias. Dave dice: «Las escuelas enseñas las disciplinas técnicas tales como las matemáticas y las ciencias, pero no la salud mental. Lo que necesitan enseñar es cómo manejar los problemas. Cada día vamos a ser golpeados por los problemas. Algunos quedarán triturados. Pero para tener éxito hay que ser sensible a los problemas y a los fracasos. Y mientras se sube la cuesta, se estará ganando el derecho de tener más problemas. Mientras más alto suba, más grandes serán los problemas. Pero las personas más exitosas han tenido que pasar por los peores tiempos. Ellos dicen que no se llega a ser un gran marinero navegando por los mares en calma».

Definitivamente, para Dave los mares estuvieron lejos de estar en calma en el pasado, y tampoco lo estarán en el futuro. Pero eso no le preocupa. Los obstáculos son oportunidades. Dave dice: «Siempre le estoy diciendo a mis empleados: La tendencia natural es huir de los problemas. Si ustedes quieren seguir adelante, vayan donde el administrador y díganle: "¿Tiene problemas? Páseme unos pocos a mí"». En lugar de huir de los problemas como la mayoría de la gente hace, sálgales al encuentro. Si lo hace le garantizo que su vida cambiará. Esa es la forma de seguir avanzando, resolviendo problemas».

AHORA USTED YA ESTÁ LISTO

Dave Anderson ha cometido muchos errores, sufrido muchas adversidades, superado muchos problemas y experimentado más fracasos que la mayoría de las personas a las que usted haya conocido. Pero también ha logrado más. Y como mi amigo Zig Ziglar dice: «Dave Anderson apenas está empezando».

La próxima vez que usted se encuentre envidiando lo que la gente triunfadora ha logrado, piense que es muy probable que esas personas hayan tenido que pasar por muchas experiencias negativas que usted no alcanza a ver en la superficie. Y como dice el viejo refrán: «Nunca preguntes de qué está hecha la salchicha del perro caliente que te estás comiendo». La idea es que si supieras de qué está hecha, quizás nunca volverías a comerte otro. Al éxito se llega a través de muchos fracasos.

Si usted realmente quiere ver realizados sus sueños; es decir, alcanzarlos realmente, no solo desearlos o hablar de ellos, tiene que salir y fracasar. Fracasar al comienzo, fracasar a menudo, pero siempre yendo hacia adelante. Transforme sus errores en peldaños que lo conduzcan al éxito.

Cuando terminé de escribir este libro, mandé a Dave el primer borrador de su historia para asegurarme que no dejaría por fuera ningún detalle importante. Unos pocos días más tarde, me mandó una nota. Decía: «Nunca antes había visto mi vida tan bien relatada. Es un milagro que no me haya dado por derrotado».

Ahora que usted sabe cómo transformar sus fracasos en victorias, tampoco tiene por qué darse por derrotado. No tiene por qué hacerlo. Siga soñando, y siga caminando hacia adelante.

Notas

Capítulo 1

1. Andy Andrews, ed., «Mary Kay Ash», en Storms of Perfection 2, Lightning Crown Publishers, Nashville, 1994, p. 161.
2. «Mary Kay, Inc.», The Industry Standard, www.thestandard.net, 12 de agosto de 1999.

Capítulo 2

1. Robert M. McMath and Tom Forbes, GAT Were They Thinking?, Random House, New York, 1998.
2. Patricia Sellers, «Now Bounce Back!», Fortune, 1 de mayo de 1995, pp. 50-51.
3. Filipenses 4.11

Capítulo 3

1. Andy Andrews, ed., «Erma Bombeck» en Storms of Perfection 2, Lightning Crown Publishers, Nashville, 1994, p.51.
2. Brad Bushman and Roy Baumeister, 20/20, 8 de agosto de 1999, www.abc-news.com.
3. Brodin, «The Key to Bouncin Back», Discipleship Journal, número 109, 1999, p. 67.
4. «Where Failures Get Fixed», Fortune, 1 de mayo de 1995, p. 64.
5. Rudy Ruettiger and Mike Celizic, Rudy's Rules, WRS Publishing, Waco, TX, 1995.

Capítulo 4

1. Emerson Klees, Entrepreneurs in History—Success vs. Failure; Entrepreneurial Role Models, Cameo Press, Rochester, NY, 1995, p. 202.
2. Ibid., p. 203.
3. Patric Kavanaugh, The Spiritual Lives of the Great Composers, Sparrow Press, Nashville, 1992, p. 5.

Capítulo 5

1. Gary Ámel and C. K. Parlad, Competing for the Future, Harvard Business School Press, Boston, 1994, pp. 51-52.
2. Jeff Schultz, «The Price of Success», Atlanta Journal-Constitution, 6 de enero e 1994, p. E4.
3. David Goldman, «Shocking, Lurid and True!», Biography, abril de 1998, p. 14.

Capítulo 6

1. Interview with Greg Horn, P.O. Box 175, Hwy. 27 South, Cynthiana, Kentucky 41031.
2. Fortune, 1 de mayo de 1995, p. 50.
3. Lucinda Hahn, «What Makes Them So Tough?, Reader's Digest, noviembre de 1998, pp. 88-93.
4. Roger Crawford and Michael Bowker, Playing from the Herat; A Portrait in Courage, Prima Publishing, Rocklin, CA, 1997, pp. 28-32.
5. Roger Crawford, How High Can You Bounce? Turn Setbacks into Comebacks, Bantam Books, New York, 1998, p. 8.
6. Crawford and Bowker, Playing from the Heart, p. 12.

Capítulo 7

1. Bert Randolf Sugar, The 100 Greatest Athletes of All Time, Citadel Press, Secaucus, NJ, 1995, p. 217.
2. Allan Zullo with Chris Rodell, When Bad Things Happen to Good Golfers; Pro Golf's Greatest Disasters, Andrews McMeel, Kansas City, 1998, pp. 40-43.
3. Dick Biggs, Burn Brightly Without Burning Out, Successories Library, 1998, pp. 30-31.

Capítulo 8

1. Garry Marshall with Lori Marshall, «StandOut from the Crowd», Reader's Digest, p. 61.

Capítulo 9
1. Lloyd Cory, Quotable Quotations, Victor Books, Wheaton, IL, 1985, p. 347.
2. Rebecca Lamar Harmon, Susana: Mother of the Wesleys, Abingdon Press, Nashville, 1968, p. 57.

Capítulo 10
1. David Bayles and Ted Orland, Art and Fear: Observations on the Perils (And Rewards) of Artmaking, Capra Press, Santa Barbara, 1993, p. 29.
2. Arthur Freeman and Rose Dewolf, Woulda, Coulda, Shoulda: Overcoming Regrets, Mistakes, and Missed Opportunities, Harper Collins, New York, 1992.
3. Patricia Sellers, «Now Bouce Back!», Fortune, 1 de mayo de 1995, p. 49.
4. Lloyd Ogilvie, Falling into Greatness, Thomas Nelson, Nashville, 1984.
5. Génesis 40.14,15.

Capítulo 11
1. «Amelia Earhart: 1897-1937», www.noahsays.com.
2. «Amelia Earhart», www.ionet.net.
3. «Quotes», www.cmgww.com.
4. «Amelia Earhart», www.ionet.net.
5. «Quotes», www.cmgww.com.
6. The Joyful Noiseletter.
7. Gloria Lau, «Joseph Lister, Developer of Antiseptic Surgery», Investor's Business Daily, 22 de enero de 1999, p. A5.
8. Norman B, Medow, «Ounce of Prevention a Lesson Worth Learning», Ophthalmology Times, 15 de abril de 1997, p. 12.

Capítulo 12
1. «Surviving Everest Heightens Texan's Priorities About Life», Atlanta Journal-Constitution, 14 de noviembre de 1998, p. E22.
2. Michael E. Young, «The Ultimate Challenge: Climber Left for

Dead on Everest Learns to Cherish Life As Never Before», Dallas Morning News, 11 de mayo de 1997.
3. «Surviving Everest Heightens Texan's Priorities About Life».
4. Jim Zablosky, The 25 Most Common Problems in Business, Broadman and Holman, Nashville, 1996, p. 88.

Capítulo 13
1. «Luck Rivals Worst of Sick Jokes: There's Hope,' New York Says», Los Angeles Times, 19 de marzo de 1995, p. A28. Copyright Reuters Limited 1995.
2. Carole Hyatt and Linda Gottlieb, When Smart People Fail, Penguin Books, New York, 1993.
3. David Bayles and Ted Orland, Art and Fear: Observations on the Perils (And Rewards) of Artmaking, Capra Press, Santa Barbara, 1993, pp. 27-28.

Capítulo 14
1. «Quitters, Campers and Climbers», Sky, octubre de 1998, p. 103.
2. Len Sherman, Popcorn King: How Orville Redenbacher and His Popcorn Charmed America, Summit Publishing Group, Arlington, 1996.

Capítulo 15
1. Robert T. Kiyosaki with Sharon L. Lechter, Rich Dad, Poor Dad, Cashflow Education Australia, Paradise Valley, AZ, pp. 135-36.
«About the Singapore Economy», www.gov.fg.

Otros Títulos de John C. Maxwell

www.caribebetania.com